Seelische Archetypen
- Das Praxisbuch -

Wie Sie die 12 Archetypen der Seele leicht verstehen, Ihre Persönlichkeit neu entdecken und zu einem authentischen Leben finden

Luisa Wienberg

Email: info@edition-lunerion.de
www.edition-lunerion.de

Psiana eCom UG
Berumer Str. 44
26844 Jemgum

INHALT

Vorwort

Was wir Instinkte nennen, sind physiologische Impulse, die mit den Sinnen «außen» wahrgenommen werden. Gleichzeitig erscheinen sie aber auch «innen» in Fantasien und verraten ihre Gegenwart oft durch symbolische Bilder. Diese «inneren» Erscheinungen sind es, die ich als Archetypen bezeichne. Ihren Ursprung kennt man nicht; sie tauchen jederzeit auf, überall in der Welt.

~ C.G. Jung, Der Mensch und seine Symbole

Wer schon einmal über den Begriff der Archetypen gestolpert ist, hat in diesem Zusammenhang sicher auch den Namen Carl Gustav Jung gehört. Doch sind die Archetypen der Seele weder seine Erfindung noch seine Entdeckung. Wie der Begriff Archetyp – von archaisch, frühzeitlich – bereits vermuten lässt, ist dieses Konzept viel älter, auch wenn Jungs Lebenszeit und die Zeit seiner Arbeit in den 40er- und 50er-Jahren des 19. Jahrhunderts ebenfalls schon eine Weile zurückliegen. Vielmehr hat er dieses uralte Konzept wiederentdeckt, aufgegriffen und in eine für unsere Zeit besser verständliche Sprache übertragen. Die ursprüngliche Idee der Archetypen stammte nämlich aus der Antike, von einem ebenfalls sehr bekannten Menschen: dem Philosophen Platon. Die Archetypen als Idee zu bezeichnen, trifft es jedoch auch nicht so richtig, was also sind sie denn nun? Platon nannte die Archetypen Formen und damit kommen wir ihrer Bedeutung bereits um einiges näher.

Am besten ließe sich der Begriff jedoch definieren, legte man beide Namen zusammen und machte daraus die archetypischen Formen der Seele. Auf diese Art entsteht langsam ein Bild, welches die wahre Bedeutung dieses doch ein wenig abstrakten Begriffes erahnen lässt.

Archetypen sind so etwas wie uralte Formen oder Schablonen, die Teil unser aller Seelen und Persönlichkeiten sind. Sie sind komplex und vielschichtig, denn zum einen beschreiben sie bestimmte Erfahrungen und die damit einhergehenden Emotionen, die ein grundlegender Teil des menschlichen Lebens und damit uns allen gemeinsam sind. Gleichzeitig kann man sie auch als eigenständige Persönlichkeiten oder Persönlichkeitsanteile betrachten, die uns allen innewohnen. Man kann sich das so vorstellen wie bei Menschen mit gespaltener Persönlichkeitsstörung – heute dissoziative Identitätsstörung oder DIS –, die über viele verschiedene Egos verfügen.

Diese Egos treten situationsbedingt auf und übernehmen die Kontrolle, dabei zeigen sie sich stark unterschiedlich. Damit will ich natürlich nicht sagen, wir alle seien geisteskrank, denn bei dieser Persönlichkeitsstörung liegen selbstverständlich traumatische und krankhafte Ursachen dafür vor, dass diese Anteile, die in uns allen leben, beginnen, ein Eigenleben zu führen. Dennoch sind wir alle im Grunde zutiefst gespalten, denn unsere Seele besteht aus dem komplexen Zusammenspiel der verschiedensten Persönlichkeitsanteile.

Im Normalfall arbeiten diese einzelnen Anteile mehr oder weniger harmonisch zusammen, im Falle der dissoziativen Persönlichkeitsstörung gibt es jedoch zu viele innere Konflikte, um auch nur eine halbwegs ungestörte Zusammenarbeit zu ermöglichen. Doch auch bei geistig gesunden Menschen geraten diese inneren Anteile immer wieder einmal in Konflikte und verlangen so von uns beständiges geistiges Wachstum, um diese lösen zu können. Deshalb ist eine Auseinandersetzung mit dem Thema der Archetypen nicht nur wichtig, sondern sie kann auch überaus hilfreich dabei sein, sich selbst und andere Menschen sowie das Leben an sich besser zu verstehen. Indem wir die

Archetypen verstehen, können wir auch die menschliche Reise durch das Leben verstehen. Wir können unseren eigenen, höchst individuellen Sinn im Leben finden und unsere Berufung. Wir können begreifen lernen, warum uns bestimmte Dinge immer wieder geschehen, warum bestimmte Emotionen in uns auftauchen und uns zu Handlungen bringen, die scheinbar untypisch für uns sind. Zu guter Letzt können sie uns vor allem dabei helfen, Harmonie und Frieden in uns selbst zu finden und wahrhaft authentisch zu leben.

Die Beschäftigung mit den Archetypen kann und wird uns jedoch auch an unsere eigenen Grenzen führen, denn sie konfrontiert uns auch mit unseren dunklen Anteilen und den Eigenschaften unseres Selbst, die wir als falsch empfinden, verdrängen und nicht sehen wollten: unseren Schatten. Deshalb wird sich dieser Weg auch von Zeit zu Zeit unangenehm oder gar erschreckend und beängstigend anfühlen. Aus genau diesem Grund wird Persönlichkeitsarbeit so häufig gemieden oder zu früh abgebrochen. Doch wenn wir uns unseren Schatten nicht stellen und sie ignorieren, werden sie sich früher oder später gegen uns wenden. Dabei helfen uns gerade die Archetypen mehr als jedes andere Modell der Psychologie, unsere dunklen Triebe, Charaktereigenschaften und Emotionen wirklich in der Tiefe zu verstehen. Das macht sie zu unschätzbaren Helfern dabei, uns selbst und andere besser zu verstehen und somit die Qualität unserer Beziehungen zu verbessern. Möglich wird dies, indem die Archetypen in Formen daherkommen, die uns allen zutiefst vertraut sind:

Sie begegnen uns in den klassischen Charakteren unserer Märchen genauso wie in Filmen und Büchern. Der Held und der Bösewicht sind nur ein Beispiel für Archetypen in unendlich vielen Geschichten. Indem wir diese Charaktere durch Geschichten erleben können, lernen wir sie in der Tiefe kennen. Wir verstehen, was sie bewegt und warum sie so sind, wie sie eben sind, denn es ist immer bedeutend einfacher, andere zu verstehen als sich selbst. Geschichten spiegeln uns unsere eigenen inneren Prozesse, sodass wir sie wiedererkennen können. Dadurch können sie uns auch unsere blinden Flecken aufzeigen. Das ist der eigentliche Zweck hinter der Existenz der alten Märchen. Doch es gibt noch einen anderen „Ort", an dem uns die Archetypen regelmäßig begegnen: in unseren Träumen. Dort sprechen sie zu uns und geben uns Antworten auf unsere Fragen und Probleme, dort halten sie uns den Spiegel gnadenlos vors Gesicht und genau dort haben wir die beste Chance, ihre Botschaft zu verstehen. Dies bringt uns wieder zurück zu Carl Gustav Jung, denn die psychologische und analytische Traumdeutung, die er entwickelte, nutzt eben dieses Konzept der Archetypen für die Entschlüsselung von Traumbotschaften.

Jung war einer der drei Begründer der analytischen Psychologie und Kollege von Sigmund Freud, dem „Vater" der Tiefenpsychologie[1]. Ebenfalls an dieser Stelle zu benennen, wäre noch Alfred Adler, der die Individualpsychologie begründete. Diese drei Ärzte und Psychologen lebten zur gleichen Zeit und prägten der Psychologie ihren eigenen Stempel auf, wie es bisher kein anderer geschafft hat. Dabei haben sich Freud und Adler jedoch weit mehr damit befasst, die seelischen Triebkräfte zu studieren, als damit, wie man dieses Wissen für die menschliche Entwicklung nutzbar machen kann. Für Jung war dies jedoch der Hauptgrund, sich mit den „psychischen Abgründen" der Menschen zu befassen. Er strebte nach einer ganzheitlichen Psychologie, die sowohl kranken als auch gesunden Menschen ermöglichen sollte, die ihnen innewohnenden Kräfte zu nutzen, um sich selbst bestmöglich entwickeln zu können. Er empfand ein Leben in einem Zustand der inneren Harmonie und Ausgeglichenheit als grundlegendes Menschenrecht. Deshalb suchte Jung nach Wegen, die es jedem Menschen, ganz unabhängig von Herkunft, Bildungsstand und gesellschaftlicher Schicht, ermöglichen sollten, diesen Weg zu finden und zu gehen.

---

[1] **Tiefenpsychologie:** Es handelt sich hierbei um ein Teilgebiet der Psychologie, welches sich darauf konzentriert, die Inhalte des Vor- und Unbewussten sichtbar zu machen, um seelische Probleme zu lösen.

Als Jung auf das Konzept der Archetypen stieß, begriff er deren übermächtiges Potenzial, um uns auf dieser menschlichen Reise als Wegweiser und Orientierung zu dienen. So entstand die analytische Psychologie von Carl Gustav Jung, die bis heute unumstritten einer der Grundpfeiler der modernen Psychologie ist und die im Kern mit ebendiesen seelischen Archetypen arbeitet. Das hier vorliegende Werk soll dieses Konzept nun ausführlich beleuchten und erklären, um es für jeden greifbar und verständlich zu machen, sowie gleichzeitig Wege aufzeigen, wie wir dieses Wissen für uns selbst, unsere Persönlichkeitsentwicklung und unsere persönliche Lebensreise nutzbar machen können.

Dem Rätsel der Psyche auf der Spur

Ziel dieses Buches ist es, dem Leser ein umfassendes und vor allem grundlegendes Verständnis über die Thematik der seelischen Archetypen zu vermitteln. Es soll ihn in die Lage versetzen, das hier vermittelte Wissen für sich selbst und den Weg seiner Persönlichkeitsentfaltung praktisch anwenden zu können. Dafür ist es zunächst einmal notwendig, zu verstehen, warum der Weg der Persönlichkeitsentfaltung überhaupt wichtig ist und wie diese letztendlich zu einem erfolgreichen, harmonischen und vor allem zufriedenen Leben führen kann, auch wenn es sich dabei sicher um keinen einfachen Weg handelt. Deshalb beginnen wir, uns im ersten Kapitel mit den Grundlagen der analytischen Psychologie zu beschäftigen, damit, wie sie entstand und wie ihr Begründer, Carl Gustav Jung, die Psyche des Menschen verstand. Da das von ihm entwickelte Persönlichkeitsmodell so komplex und vielschichtig, wie die Thematik der Archetypen selbst, ist, betrachten wir vergleichsweise auch die Modelle seines Konkurrenten: Sigmund Freud. Hierbei handelt es sich um leichter verständliche Varianten, die sich in Grundzügen jedoch in Jungs Modell widerspiegeln und somit eine echte Verständnishilfe sein können.

Diese wird auch dringend benötigt, wenn wir uns abschließend Jungs Individuationsprozess widmen, also dem Weg der Selbstentfaltung, auf dem die Archetypen von so überaus großem Nutzen sein können.

Direkt im Anschluss daran, im zweiten Kapitel, kommen wir bereits auf die grundlegendsten archetypischen Formen zu sprechen: Anima und Animus oder, anders gesagt, die männlich-weibliche Polarität, die unser aller Wesen zugrunde liegt. An dieser Stelle wird ein tiefgehendes Verständnis der Polarität vermittelt, mit dem Ziel, endlich die Verwirrung über die Geschlechterrollen sowie die ewige Frage „Was ist männlich und was ist weiblich?" in Klarheit zu verwandeln. In diesem Kapitel lernt der Leser ganz praktisch, was es bedeutet, seine inneren männlichen und weiblichen Anteile auszubalancieren, und natürlich auch, wie dies zu bewerkstelligen ist. Ein Persönlichkeitstest gibt hier Aufschluss darüber, wie gut diese polaren Anteile bereits in Balance sind und woran noch gearbeitet werden muss.

Im dritten Kapitel widmen wir uns dann weiteren archetypischen Grundformen, die in Form der seelischen Jahreszeiten und der menschlichen Entwicklungsphasen daherkommen. Die seelischen Jahreszeiten unterliegen ganz bestimmten emotionalen Qualitäten und bringen jeweils eigene, spezifische Anforderungen an den Menschen mit sich. Dabei gilt es, diese in Einklang mit der jeweiligen Entwicklungsphase zu bringen, die ebenfalls über jahreszeitliche Qualitäten verfügt. Auch hier erwarten den Leser wieder zahlreiche praktische Beispiele und Tipps zur Umsetzung des neuen Wissens. Kapitel vier widmet sich dann ganz ausführlich den sogenannten seelischen Archetypen, die sich als eigene Charaktere präsentieren. Ihre positiven und negativen Eigenschaften, ihre Motivationen und Emotionen werden ausführlich beleuchtet und erklärt. So lernt der Leser nicht nur, die entsprechende archetypische Energie in einem Menschen zu erkennen, sondern auch, diese in der Tiefe zu verstehen. Dabei konzentrieren wir uns auf die zwölf wichtigsten Typen, die auch in der Literatur und auf diversen Webseiten zu finden sind. Dies geschieht jedoch auf eine neue Art und Weise, denn die Archetypen werden häufig falsch verstanden oder zu einseitig betrachtet. Deshalb werden uns einige dieser Typen mit neuen, treffenderen Namen sowie mit viel mehr charakterlicher Tiefe begegnen. In diesem Zusammenhang beschäftigen wir uns zum Abschluss damit, auf welche Art die Archetypen uns im Leben begegnen und dieses damit prägen. Wir entwickeln ein Verständnis für ihre Botschaft und ihr Geschenk und lernen, dieses praktisch anzuwenden und für uns zu nutzen.

Wer nun neugierig geworden ist auf das, was kommt, und die Begegnung mit den eigenen Schatten nicht scheut, der ist herzlich eingeladen, sich mit mir auf die Reise zu machen. Diese Reise enthält den Schlüssel zur Entwicklung des Bewusstseins und einem erfolgreichen Leben.

Die Psyche des Menschen

Aufbau, Struktur und Funktionsweise der menschlichen Psyche waren schon immer ein heiß umstrittenes Thema, welches bis heute nicht an Faszination verloren hat. Der Begriff Psyche stammt aus dem Altgriechischen und bedeutet übersetzt Seele, schon allein daraus lässt sich ableiten, wie lange die Menschheit sich bereits Gedanken darüber macht. Dennoch existiert bis heute kein einziges Modell, welches in der **medizinischen Psychologie** allgemeine oder alleinige Gültigkeit hätte. In der Antike wurde die Psyche des Menschen eher in einem religiösen oder spirituellen Kontext untersucht, dann kam die wissenschaftliche Revolution und sorgte dafür, dass der Blick auf die Psyche diesen Blickwinkel vollständig ausschloss. So entstanden die verschiedensten Modelle, entwickelt von mehr oder weniger bedeutenden Psychoanalytikern, die versuchten, die menschliche Psyche auf eine Ebene zu reduzieren, die mit wissenschaftlichen Methoden nachweisbar ist. Dies gelang den meisten auch mehr oder weniger gut, doch ist die Seele des Menschen bis heute ein wenig rätselhaft und bringt die gängigen Modelle, mit denen in der Psychoanalyse heute gearbeitet wird, auch gerne einmal in Bedrängnis.

In Bezug auf diese Thematik sticht Carl Gustav Jung[2] aus der Masse der verschiedenen Modelle heraus, denn er verfügte neben seinen großen rationalen Fähigkeiten auch über eine starke spirituelle Ader. Sein Ziel war es, Wissenschaft und Spiritualität miteinander zu verbinden und das von ihm entwickelte Konzept des kollektiven Unbewussten – der „Heimat der Archetypen" – bringt genau dies zum Ausdruck. In wissenschaftlichen Kreisen wurde er für seine unkonventionellen Ansichten gewissermaßen verteufelt, man betrachtete ihn als esoterisch, anstößig und provokativ und verbannte ihn schlussendlich aus der Scientific Community[3]. Dieser Ruf haftet ihm bis heute an, dennoch werden die Kosten für die Psychotherapie nach Jung von den Krankenkassen getragen, und das, obwohl diese Therapieform einer wissenschaftlichen Überprüfung nicht standhält. Auch wenn dies bis heute den Tatsachen entspricht, existieren jedoch einige wissenschaftliche Theorien aus anderen Forschungsbereichen, die ebenfalls auf die Existenz eines kollektiven Unbewussten hindeuten. Diesen Theorien widmen wir uns am Ende dieses Kapitels.

Die heutige Psychologie arbeitet mit den verschiedensten Ansätzen zur Heilung psychischer Störungen, bei denen auch unterschiedliche Modelle der Psyche zugrunde liegen. Für den Kontext dieses Buches würde es zu weit führen, sämtliche existierenden Modelle im Detail vorzustellen. Stattdessen konzentrieren wir uns auf die zwei Varianten, die für die Thematik der Archetypen von Bedeutung sind: auf die beiden Modelle, die Sigmund Freud entwickelte, also das topografische Modell und das Instanzenmodell, und auf das Modell von Carl Gustav Jung. Freuds Persönlichkeitsmodell ist bis heute nicht nur das bekannteste, sondern es findet nach wie vor seine Anwendung in der tiefenpsychologischen Psychotherapie. Gleiches gilt für Jungs Persönlichkeitsmodell, das der analytischen Psychotherapieform zugrunde

---

[2] **Carl Gustav Jung:** Schweizer Psychiater, 1875–1961
[3] **Scientific Community:** Bezeichnet die Gesamtheit aller internationalen, anerkannten Wissenschaftler sämtlicher Fachrichtungen

liegt. Jungs Verständnis der menschlichen Psyche weist zumindest in Grundzügen einige Gemeinsamkeiten mit dem von Freud auf, stellt jedoch einen Blick auf die menschliche Psyche aus einer anderen, vor allem erweiterten Perspektive dar. Doch bevor wir uns mit Jungs Ansichten im Detail befassen, kommen wir zunächst zu den Grundlagen, also den Modellen von Sigmund Freud. Im Vergleich zu C. G. Jungs Modell der Psyche sind diese relativ einfach zu verstehen und bieten deshalb einen guten grundlegenden Einstieg in die Thematik, weil sie mit ähnlichen Strukturen, Dynamiken und Instanzen arbeiten wie Jung in seinem weit komplexeren Modell.

SIGMUND FREUDS BLICK AUF DIE MENSCHLICHE PSYCHE

Sigmund Freud entwickelte im Laufe seiner beruflichen Laufbahn zwei Modelle der Psyche, von denen das zweite das erste gewissermaßen ablöste. Sein erstes Modell wird als das sogenannte **topografische** oder **topische Modell** bezeichnet. Diese Bezeichnung ist wieder abgeleitet aus dem Griechischen: Topos = Ort. In diesem Modell teilt er die menschliche Psyche in drei „Orte" auf, das Unbewusste, das Vorbewusste und das Bewusste. Die Inhalte dieser einzelnen Orte sind dabei dynamisch in Bewegung und drängen in beide Richtungen: von bewusst nach unbewusst und wieder zurück.

Dieses erste Modell wird heute immer wieder als Eisbergmodell der Psyche nach Freud angepriesen, angelehnt an das Prinzip, nach dem von einem Eisberg lediglich acht Prozent über Wasser liegen und damit sichtbar sind (Bewusstsein) und die restlichen zweiundneunzig Prozent verborgen unter Wasser liegen (Vor- und Unbewusstsein). Freud selbst hat diese Analogie jedoch nie herangezogen, um sein Modell zu beschreiben, es lässt sich nicht einmal genau nachvollziehen, wer diese zuerst aufbrachte. Dies sei jedoch nur am Rande erwähnt für all jene, die eigene Nachforschungen anstellen möchten, um tiefer in die Materie einzusteigen und dabei möglicherweise in Verwirrung geraten.

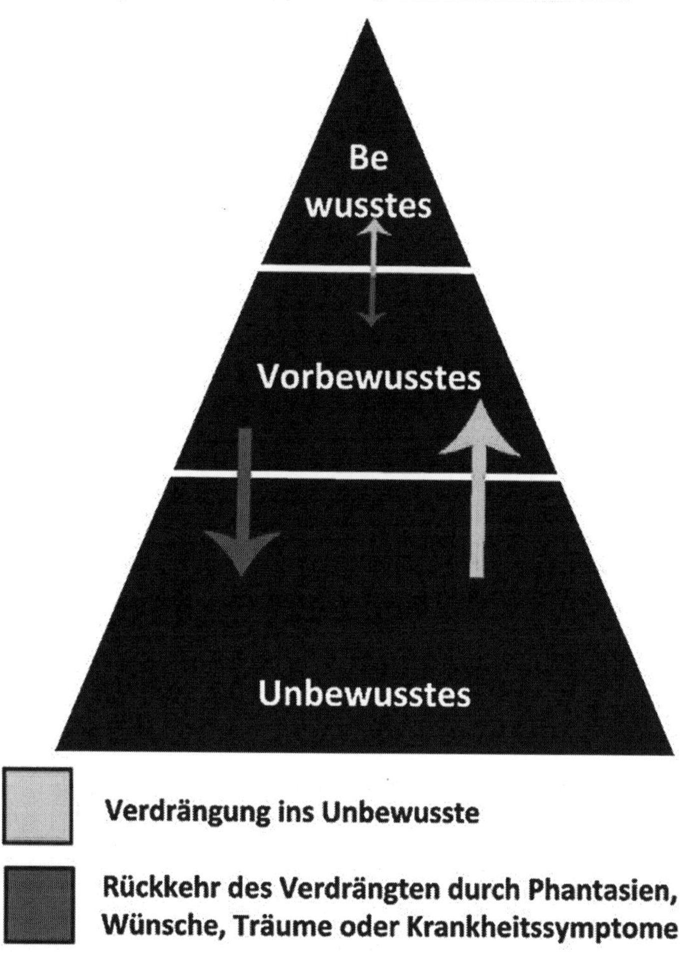

Im Zuge seiner praktischen Erfahrungen in der Arbeit mit Patienten erkannte Freud mit der Zeit, dass sein topografisches Modell nicht ausreichte, die komplexen Vorgänge in der Psyche eines Menschen hinreichend zu erklären. Es wurde notwendig, sich näher mit der Frage zu befassen, was darüber entschied, welche Inhalte bewusst und welche verdrängt wurden. Dabei stellte er fest, dass die Unterteilung der Psyche in „Orte" nicht funktionierte, da es sich eher um unterschiedliche Instanzen zu handeln schien. Die topografische Einteilung, die er im ersten Modell getroffen hatte, wurde dadurch jedoch nicht ungültig, denn sie schien die drei Instanzen, die er erkannte, gewissermaßen zu durchziehen. So entstand sein Instanzenmodell, nach dem sich die menschliche Psyche in die Instanzen „Ich", „Es" und „Über-Ich" aufteilt. Nun könnte man denken, das „Ich" stehe für das Bewusstsein und das „Es" für das Unbewusstsein, an dieser Stelle wird es jedoch etwas komplizierter, deshalb sehen wir uns die einzelnen Instanzen, ihre Entstehung und Funktionen einmal im Detail an.

Das Es

Zu Beginn, also bei der Geburt eines Menschen, existiert lediglich das **Es**, welches in seinen Grundlagen angeboren ist und sich nach der Geburt weiterentwickelt. Es enthält sämtliche Instinkte, Triebe und Bedürfnisse, die für das Überleben des Individuums notwendig sind, zum Beispiel die Bedürfnisse nach Nahrung, Liebe, Geborgenheit und Sicherheit. Das Es sorgt dafür, dass diese Bedürfnisse nach Erfüllung streben, es ist also geprägt durch seine Triebkraft und damit die erste frühe Form der sogenannten **Libido**. Je nachdem, wie und ob die Bedürfnisse eines Neugeborenen befriedigt werden und wie seine Umwelt auf diese reagiert, formt sich so mit der Zeit die Triebstruktur eines Menschen, die man auch als seinen unbewussten Charakter bezeichnen könnte. Wird das Kind in dieser Zeit überversorgt oder vernachlässigt, führt dies bereits zur Ausbildung einer problematischen Struktur.

Im Falle der Überversorgung entwickelt ein Kind einen unbewussten Grundcharakter, der die Erfüllung seiner Bedürfnisse als vollkommen selbstverständlich empfindet. Daraus kann im Extremfall zum Beispiel pathologischer Narzissmus entstehen, genauso wie eine Unfähigkeit, mit Problemen und Herausforderungen umzugehen. Kinder, die vernachlässigt wurden, entwickeln eher unbewusste, manipulative Verhaltensweisen, die ebenfalls später zu erheblichen Problemen im Sozialverhalten führen. Diese Kinder haben gelernt, dass ihre Bedürfnisse nur erfüllt werden, indem sie andere manipulieren, jedoch läuft diese Manipulation unbewusst ab. Als Erwachsene sind sie nicht in der Lage, Authentizität zu leben und echte, tiefe Beziehungen zu führen. Sie werden von den meisten Menschen wieder verlassen, sobald diese bemerken, dass sie manipuliert werden. Dadurch verstärkt sich die Notwendigkeit, andere zur Bedürfniserfüllung zu manipulieren, und es entsteht ein sich selbst verstärkender Teufelskreis, aus dem es kaum ein Entkommen gibt. Selbst im Falle optimaler Bedingungen, die zur Zeit der Entwicklung des Es bestehen, bleibt dieser Teil der Psyche doch zum größten Teil immer von der Dunkelheit des Unbewussten umhüllt und der Ratio und Vernunft unzugänglich. Freud selbst beschrieb das Es folgendermaßen:

> *„Es ist der dunkle, unzugängliche Teil unserer Persönlichkeit; das wenige, was wir von ihm wissen, haben wir durch das Studium der Traumarbeit und der neurotischen Symptombildung erfahren und das meiste davon hat negativen Charakter, läßt sich nur als Gegensatz zum Ich beschreiben. Wir nähern uns dem Es mit Vergleichen, nennen es ein Chaos, einen Kessel voll brodelnder Erregungen."*
>
> ~ Sigmund Freud, 1944, Neue Folge der Vorlesungen, Seite 80

Das Ich

Je älter ein Kind nun wird, desto mehr erfährt es sich selbst als ein von seiner Umwelt getrenntes Wesen. So entwickeln sich mit der Zeit das Bewusstsein für das eigene **Ich** und den eigenen Körper sowie eigene Gefühle und Bedürfnisse. Diese Entstehung des frühen Ichs beginnt ab dem vierten Lebensmonat und endet mit der Vollendung des vierten Lebensjahres. Dabei entsteht das Ich aus dem Es heraus und bildet gewissermaßen eine Schicht, die dieses umgibt und es begrenzt. Diese erste oder frühe Schicht ist jedoch noch weitgehend unbewusst und wurde geformt durch die frühen Prozesse der Sozialisierung, also durch die Art und Weise, wie die Umwelt des Kindes mit ihm agiert hat. Die Bedürfnisse und Emotionen, die auf diese Art im Kind entstanden sind, prägen seinen grundlegenden Charakter und wurden von Freud als „Triebabkömmlinge des Es" bezeichnet. Ab dem fünften Lebensjahr beginnt das Ich, sich immer bewusster zu entwickeln, denn mit der Entstehung des frühen Ichs beginnt gleichzeitig auch die Ausbildung des Über-Ichs. Dadurch wird es für das Ich zunehmend notwendig, eine vermittelnde Funktion zwischen dem Es, dem Über-Ich sowie den Anforderungen der äußeren Realität einzunehmen.

Das Über-Ich

Beim **Über-Ich** handelt es sich schlussendlich um eine Instanz, die dem Kind zunächst von der Außenwelt aufgeprägt wird. Es handelt sich zu Beginn um die Werte und Normen der Menschen, die den größten Einfluss auf das Kind haben, also vor allem der Eltern, später dann auch der Erzieher und Lehrer, der Freunde und Verwandten sowie des weiteren sozialen Gefüges in Form von Staat und Gesellschaft. Das Kind lernt das „Richtig" und „Falsch" der sozialen Gruppe, in der es lebt, und entwickelt dann mit zunehmendem Alter, unter anderem auch durch Akte der Rebellion, zusätzliche, eigene Wertvorstellungen. Das Über-Ich ist deshalb so etwas wie die Idealvorstellung des eigenen Selbst, es gibt dem Menschen die Ziele vor, nach denen er strebt, und übernimmt auch die Funktion des (sozialen) Gewissens. Dabei bleibt es im Grunde das gesamte Leben hindurch flexibel und kann sich, sofern der Mensch dies will, immer wieder anpassen, erweitern oder neu formen. Wertvorstellungen können und werden im Laufe eines Lebens immer wieder überprüft und hin und wieder auch gänzlich erneuert. Da die Inhalte des Über-Ichs zu einem großen Teil jedoch lediglich vorbewusst sind, erfordert es bewusste Arbeit vom Ich, um dies zu ermöglichen.

Bewusstsein und Unbewusstsein

An dieser Stelle sollte nun klar werden, dass keine dieser drei psychischen Instanzen als rein bewusst, vorbewusst oder unbewusst betrachtet werden kann. Vielmehr scheint Freuds erste, topografische Einteilung der Psyche sich gewissermaßen über sämtliche Instanzen zu verteilen. Jede einzelne Instanz, also sowohl das Es, das Ich als auch das Über-Ich, sind anteilig unbewusst, vorbewusst[4] und bewusst zugleich, wobei der wahrhaft bewusste Teil tatsächlich den geringsten Raum einnimmt. Dennoch kann man auch dieses Instanzenmodell gewissermaßen als eine Art Topografie betrachten, denn wir haben es hier mit drei einander umgebenden Schichten zu tun. Im Kern findet sich das Es, mit dem die Menschwerdung beginnt, dieses wird umgeben vom Ich, welches wiederum vom Über-Ich umgeben wird. Das in der Mitte liegende Ich übernimmt dabei die wichtige Aufgabe, zwischen den triebhaften Forderungen des Es, den moralischen Ansprüchen des Über-Ichs und den Anforderungen der äußeren Realität zu vermitteln und diese bestmöglich miteinander in Einklang zu bringen. Somit ist der menschliche Charakter, nach Ansicht von Sigmund Freud, bestimmt durch seine angeborenen Triebe, deren bedingungslose Auslebung durch das Über-Ich begrenzt wird.

[4] **Vorbewusstsein:** Anteile der Persönlichkeit, Erinnerungen, Gefühle, Gedanken, die nicht im direkten Licht des Bewusstseins liegen, jedoch von diesem bereits erahnt werden

Instanzenmodell nach Sigmund Freud

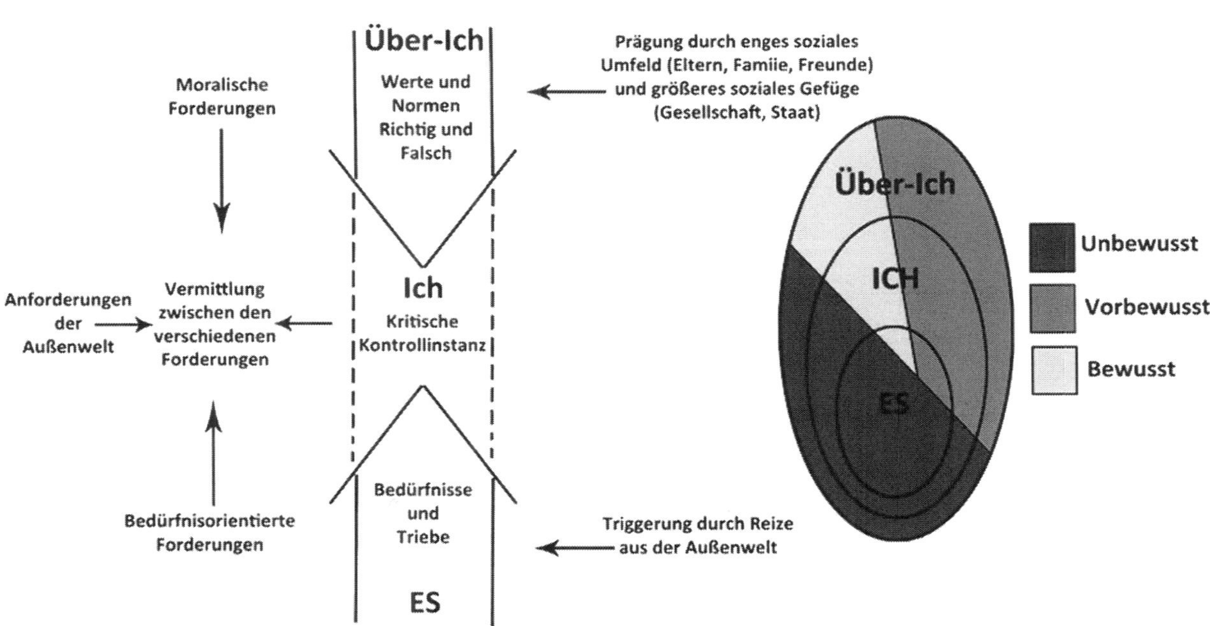

CARL GUSTAV JUNGS KONTROVERSE PERSÖNLICHKEITSTHEORIE

Jung befand Freuds Instanzenmodell nur in wenigen Grundzügen stimmig und entwickelte während seiner beruflichen Laufbahn ein eigenes Modell, welches mit dem seines Kollegen Sigmund Freud nur im Ansatz vergleichbar ist. Es ist um einiges komplexer und vielschichtiger, dennoch kann das Verständnis von Freuds Sichtweise auf die Psyche dabei helfen, die Theorien von Jung besser zu verstehen. Jung beschreibt die Psyche des Menschen mithilfe einer Struktur, die aus verschiedenen Instanzen besteht, also ähnlich wie Freud, und geht dabei auch auf die Dynamiken zwischen diesen ein. Darüber hinaus fügt Jung Freuds Instanzen noch weitere hinzu, die wissenschaftlich betrachtet (noch) nicht nachweisbar sind. Außerdem versteht er die Dynamiken innerhalb der Psyche sowie deren Entstehung anders als Freud. Zu Beginn werden wir uns jedoch erst einmal die einzelnen Instanzen genauer ansehen.

Struktur der Psyche

Das Selbst

Das **Selbst** bildet zum einen den Kern der Psyche, ist zugleich aber auch die Gesamtheit derselben, je nach Betrachtungsweise. Aus esoterischer oder spiritueller Sicht könnte man das Selbst als den göttlichen Wesenskern des Menschen betrachten, aus wissenschaftlicher Sicht vielleicht eher als eine Art Keim der Psyche. Es ist deshalb sowohl Ursprung und Mitte der Persönlichkeit als auch deren Gesamtheit. Das Selbst wird als nicht bewusst betrachtet, doch gehen aus ihm das bewusste Ich und der unbewusste Schatten hervor. Es kennt keinerlei Polarität, auch wenn sie durch dieses entsteht, indem es Gegensätze hervorbringt. Es kennt nur sein Ziel und den Drang, dieses zu erreichen, den es an das Ich weitergibt.

Dennoch ist es nicht vergleichbar mit Freuds Über-Ich, denn das Über-Ich ist eine durch äußere Reize, also durch die Wertvorstellungen der Außenwelt, entstandene Instanz. Das Selbst hingegen ist von Geburt an vorhanden und kontrolliert die Vorgänge innerhalb der Psyche von Beginn an auf unbewusster Ebene.

Diese Instanz tatsächlich zu begreifen ist im Prinzip unmöglich, das Selbst entzieht sich jedem Versuch einer genauen Betrachtung oder Klassifizierung. Es ist nicht greifbar und doch spürbar. Jung selbst war der Auffassung, dass es dem Menschen niemals gelingen könnte, das Selbst vollständig bewusst zu machen und damit zu begreifen:

> *„Es übersteigt unser Vorstellungsvermögen, uns klarzumachen, was wir als Selbst sind, denn zu dieser Operation müßte der Teil das Ganze begreifen können. Es besteht auch keine Hoffnung, daß wir je auch nur eine annähernde Bewußtheit des Selbst erreichen, denn, soviel wir auch bewußt machen mögen, immer wird noch eine unbestimmte und unbestimmbare Menge von Unbewußtem vorhanden sein, welches mit zur Totalität des Selbst gehört. Und so wird das Selbst stets eine uns übergeordnete Größe bleiben."*
>
> ~Jung 1933, S. 70 f

Das Ich

Beim **Ich** handelt es sich um den sich selbst bewussten Teil der menschlichen Psyche, um das Ich-Bewusstsein, welches durchaus mit Freuds Ich-Instanz vergleichbar ist. Es ist stark mit sich selbst identifiziert und besteht aus diversen Idealvorstellungen seiner Selbst und der Identifikation mit diesen Idealen. Es ist ein Zusammenspiel aus Emotionen, Gedanken, Erinnerungen und Wahrnehmungen, die das Ich formen, was Jung als einen sogenannten Komplex oder auch den Ich-Komplex bezeichnet. So besteht die gesamte Psyche aus einem

Zusammenspiel der verschiedensten bewussten und unbewussten Komplexe, von denen das Ich nur einer unter vielen ist. Dabei bildet es jedoch das Zentrum aller bewussten Vorgänge. Man kann das Ich auch als das Ego oder das falsche Selbst bezeichnen, denn es ist eben nicht das Selbst, es ist sich dessen nicht einmal wahrhaftig bewusst. Hinzu kommt, dass auch das Ich nur zu einem kleinen Teil bewusst ist und von einem großen unbewussten Teil ergänzt wird.

Da das Ich sich selbst idealisiert, schiebt es alles, was nicht in seine Idealvorstellungen passt, von sich weg, so entsteht der Schatten. Gefühle, Gedanken, Wünsche und Bedürfnisse, die vom bewussten Ich als negativ bewertet werden, werden durch Verdrängung in den unbewussten Teil geschoben und damit zum Schatten gemacht. So wie das Ich durch Verdrängung den Schatten erzeugt, erzeugt es auch durch Hervorhebung bestimmter Persönlichkeitsinhalte die Persona. Durch den Drang zur Individuation, der vom Selbst ausgeht, werden die verdrängten Anteile immer wieder zurück ins Bewusstsein streben, sei es über Träume oder Krankheitssymptome. Das Ich und das Selbst sind verbunden, schließlich ging das Ich aus dem Selbst hervor, so besteht eine Art von Kommunikation zwischen beiden, die dazu führt, dass das Ich durch Reflexion zum Selbst, also zu seinem Ursprung, strebt. Dies ist Teil des Individuationsprozesses und geschieht über die sogenannte Ich-Selbst-Achse, die natürlich nicht im physischen, sondern im übertragenen Sinne zu verstehen ist.

Die Persona

Unter **Persona** verstand Jung den Teil des Ich-Bewusstseins, der nach außen hin repräsentiert wird. Die hier gezeigten Charaktereigenschaften, Neigungen, Interessen und Emotionen werden durch das geprägt, was das Ich durch Übernahme der Werte und Normen der Außenwelt als richtig und positiv eingestuft hat. Das bedeutet jedoch nicht, dass alles, was zur Persona gehört, auch echt sein muss bzw. dass die Persona alles zeigt, was tatsächlich in einem Menschen steckt.

Aus diesem Grund wird sie auch als die Maske bezeichnet, denn sie ist eine idealisierte, angepasste Version des Ich-Bewusstseins. In diesem Zusammenhang kann man einen Bezug herstellen zu Freuds Über-Ich, jedoch nicht, indem man die Persona als Über-Ich bezeichnet. Vielmehr werden durch die Persona eben jene Aspekte eines Menschen zur Schau gestellt, die Inhalt von Freuds Über-Ich sind.

Der Schatten

Der **Schatten** entsteht gemeinsam mit der Persona eines Menschen aus einem simplen Grund. Damit das Ich-Bewusstsein die Persona erzeugen und aufrechterhalten kann, ist es notwendig, dass alles, was nicht zu der angestrebten Persona passt, aus dem Bewusstsein entfernt wird. Bewusste Anteile dauerhaft zu verbergen, würde einen enormen Energieaufwand bedeuten, weshalb die ungewünschten Anteile und Eigenschaften vom Ich in das Unbewusstsein verdrängt werden. Auf diese Art entsteht der Schatten des Menschen, der gänzlich unbewusst ist. Durch die Verdrängung ins Unbewusste sind diese Anteile, Neigungen und Eigenschaften jedoch nicht verschwunden, da auch das Unbewusste ja nur ein Teil des Ichs ist. Sie drängen ständig wieder nach oben, ins Licht des Bewusstseins. Diese Tatsache führt dazu, dass wir sie häufig unbewusst ausagieren und dies von unserer Umwelt durch entsprechende Reaktionen zurückgespiegelt bekommen. Solange diese Anteile jedoch der Verdrängung unterliegen, ist dies für den Menschen eben nicht wahrnehmbar und die Reaktion der Umwelt damit unverständlich. Erst wenn verdrängte Anteile zumindest vorbewusst werden, können Sie uns auffallen, jedoch immer noch unverständlich. Auf diese Art entsteht der Mechanismus der Projektion, bei dem uns an anderen Menschen genau die Anteile negativ auffallen und verärgern, die wir in uns selbst verdrängt haben.

Das persönliche Unbewusste, Anima und Animus

Jungs **persönliches Unbewusstsein** entspricht im Grunde Freuds Vorstellung des vor- und unbewussten Teils der menschlichen Psyche. Der Schatten ist ebenso ein Teil dieses Bereichs wie die **Anima**, also der weibliche Anteil eines Mannes, und der **Animus**, der männliche Anteil einer Frau. Das Unbewusstsein unterliegt nach Jung somit einer Polarität, die sich im Bewusstsein mehr oder weniger zeigt. Einige Menschen zeigen von Beginn an starke, scheinbar umgekehrte Polaritäten, zum Beispiel Frauen mit starker männlicher Ausprägung im psychischen Bereich oder umgekehrt. Andere Menschen hingegen erscheinen rein männlich oder rein weiblich, jedoch hat jedes Geschlecht seinen Gegenpol ebenfalls in sich und es gilt, diesen zu integrieren.

Das kollektive Unbewusste und die Archetypen

Hiermit kommen wir zu dem Aspekt von Jungs Persönlichkeitsmodell, der nicht nur absolut einzigartig ist und dadurch auch eine gewisse Berühmtheit erlangt hat. Das **kollektive Unbewusste** war auch der Hauptgrund für die überaus scharfen Kritiken der Fachwelt, denen Jung sich ausgesetzt sah. Nach Vorstellung von Freud existierte eben nur ein Unbewusstsein und er hielt dieses für angeboren. Jung differenzierte diese Vorstellung. Für ihn war das kollektive Unbewusste der Teil des Unbewussten, der tatsächlich angeboren ist, doch enthielt es noch keinerlei persönliche Anteile. Die individuellen Merkmale eines Menschen, die nach Freud bereits bei Geburt im Unbewussten angelegt sind, finden sich bei Jung als Anlage im Selbst. Das kollektive Unbewusste enthielte dagegen ein Sammelsurium des menschlichen Wissens und Erlebens sowie sämtlicher möglicher menschlicher Eigenschaften und Emotionen. Diese unendlich große Menge an Informationen zeigt sich in Form der Archetypen, indem menschliche Eigenschaften, Neigungen, Interessen, Stärken und Schwächen zu den unterschiedlichsten archetypischen Charakteren geformt werden.

Diese „Charaktere“, die Archetypen, leben tief in jedem von uns und geben unseren Weg vor, denn je nach Anforderungen der äußeren Welt greifen wir unbewusst auf diese Schablonen zu, um uns anzupassen. Somit formt sich das Ich aus den Inhalten des kollektiven Unbewussten und bildet so erst mit der Zeit eine individuelle Struktur und ein tatsächlich individuelles, persönliches Unbewusstsein heraus. Diese Entstehung des Individuums wird dabei noch zusätzlich geprägt durch die individuellen Eigenschaften des Selbst, welches ein ganz bestimmtes Ziel verfolgt und so aus dem Unbewussten heraus den Menschen ein Leben lang in eine bestimmte Richtung treibt.

Psychische Dynamiken

Die Libido

Die von Carl Gustav Jung entwickelte analytische Psychologie[5] versteht sich als Teilgebiet der Tiefenpsychologie nach Freud und Adler. Auch anhand dieser Tatsache kann man sein Modell der menschlichen Psyche als Weiterentwicklung von Freuds Instanzenmodell betrachten. Jegliche tiefenpsychologische Anschauung hat einen gemeinsamen Kern: die Dynamiken, die innerhalb der Psyche wirken, sowie die komplexe und einflussreiche Bedeutung des Unbewussten innerhalb dieser Dynamiken. Somit liegen diese Annahmen auch Jungs Modell der Psyche zugrunde, jedoch betrachtete er die Triebe, die dem Es entspringen, nicht als einzige Motivationskraft im Menschen. Freud nannte diese Triebenergie „Libido[6]“, wobei sie für ihn sexueller Natur war. Genau an diesem Punkt entstand die erste Unterscheidung im Modell von Jung, denn die Libido war für ihn eine im Grunde neutrale, psychische Energie, vergleichbar mit dem Chi der traditionellen chinesischen Medizin oder Platons Eros, welches die Lebensenergie des

[5] **Analytische Psychologie:** Teilgebiet der Psychologie, welches psychische Probleme durch die Arbeit mit dem Unbewusstsein zu lösen versucht

[6] **Libido:** Triebenergie des Menschen, von Freud als rein sexuelle Energie betrachtet, von Jung eher universal und formbar verstanden

Menschen darstellt. Sexuelle Energie war für Jung lediglich eine von vielen Ausdrucksformen dieser Energie.

Genauso kann die Libido nach Jung auch als die Willenskraft eines Menschen betrachtet werden, wobei es unerheblich ist, ob sie konstruktiv oder destruktiv eingesetzt wird und wirkt. Die Menge an vorhandener Energie in der menschlichen Psyche ist immer gleich und wird lediglich ständig neu und auf verschiedene Art aufgeteilt. So wird ein Kleinkind seine Energie vorrangig auf die Erfüllung primärer Bedürfnisse richten, zum Beispiel auf Spiel und Nahrung. Sobald das Kind in die Schule kommt, teilt sich diese Energie neu auf, denn nun bestehen andere oder vielmehr erweiterte Anforderungen. Dabei unterschied Jung zudem zwischen einem progressiven und einem regressiven Energiefluss. Investiert ein Mensch Energie in Dinge, die ihn weiterbringen oder ihm guttun, zum Beispiel in Hobbys, Arbeit oder gute, zwischenmenschliche Beziehungen, bezeichnet man das als progressiven Energiefluss. Wird die psychische Energie jedoch in Dinge investiert, die keinen tatsächlichen Nutzen haben – dazu können Streitereien genauso gehören wie übermäßiger Konsum von Fernsehen oder Drogen –, nennt man dies einen regressiven Energiefluss. Ein regressiver Energiefluss führt dazu, dass die eingesetzte Energie gewissermaßen verpufft, da sie nicht tatsächlich zielführend ist. Gleichzeitig fehlt sie dann in anderen, meist wichtigeren Bereichen. Dies führt zu Störungen aller Art, unter anderem zu psychischen oder körperlichen Erkrankungen.

Der Individuationsprozess

Die nächste Unterscheidung oder vielmehr Ergänzung zu Freuds Ansichten traf Jung in Bezug auf das von Freud vertretene Kausalitätsprinzip der Psyche. Nach Freud ist die Psyche rein kausal, ihre Dynamiken unterliegen lediglich den Gesetzen von Ursache und Wirkung. Nach diesem Modell besteht die menschliche Psyche also lediglich aus Reaktionen auf die Reize der Umwelt, eigenverantwortliches Handeln ohne äußeren Anstoß existiert nicht. Jung ergänzte diese Ansicht durch das Finalitätsprinzip und erkannte somit in der menschlichen Psyche ein Ziel und damit eine weitere Dynamik: das Streben nach Zielen. Somit hat Jung dem Menschen eigenverantwortliches Denken und Handeln als erster Psychologe zuerkannt und ihn damit des Status einer Reiz-Reaktions-Maschine enthoben. An dieser Stelle kommen wir zur Individuation, der wohl wichtigsten Dynamik unserer Psyche. Dieser Prozess stellt das höchste Streben eines jeden Menschen dar und kann vereinfacht auch als Selbstfindungs- oder Selbstverwirklichungsprozess bezeichnet werden. Ziel der Individuation ist die Erfahrung der eigenen Vollständigkeit durch Bewusstwerdung der eigenen, unbewussten Anteile. Der Individuationsprozess verläuft jedoch nicht immer angenehm, weshalb er bei vielen Menschen bereits in frühem Alter ins Stocken gerät. Dennoch ist in der Vollendung dieses Prozesses das höchste Streben unseres Selbst zu finden.

Es geht im Rahmen der Individuation vor allem darum, sich selbst in der eigenen Vollständigkeit kennenzulernen. Das bedeutet, dass nicht nur die positiven Eigenschaften des Selbst in ihrer Gänze erkannt und integriert werden müssen, sondern auch die vermeintlich negativen. Dazu muss eine Neubewertung von „Richtig und Falsch“ stattfinden, die zu inneren Konflikten führen kann, jedoch zwingend notwendig ist. Für das Ich-Bewusstsein ist dies eine der schwierigsten und schmerzhaftesten Aufgaben, denn seine Hauptaufgabe ist es, ein positives Selbstbild zu erhalten. Deshalb verdrängt es immer wieder „negative“ Bilder, Emotionen und Eigenschaften, die ihm gewahr werden. Da die Seele jedoch immer zurück zur Vollständigkeit strebt, drängen diese unbewussten Inhalte immer wieder zurück ins Bewusstsein. So muss das Ich Wege finden, die eigene Widersprüchlichkeit anzuerkennen, um sich irgendwann als vollständig erfahren zu können. Für diesen Prozess ist eine bewusste Auseinandersetzung mit den Archetypen nicht nur äußerst sinnvoll, sondern auch besonders hilfreich. Denn eine Betrachtung bestimmter Charaktereigenschaften von außen kann uns dabei helfen, neue Blickwinkel und vor allem mehr Verständnis zu entwickeln.

Persönlichkeitsmodell nach Carl Gustav Jung

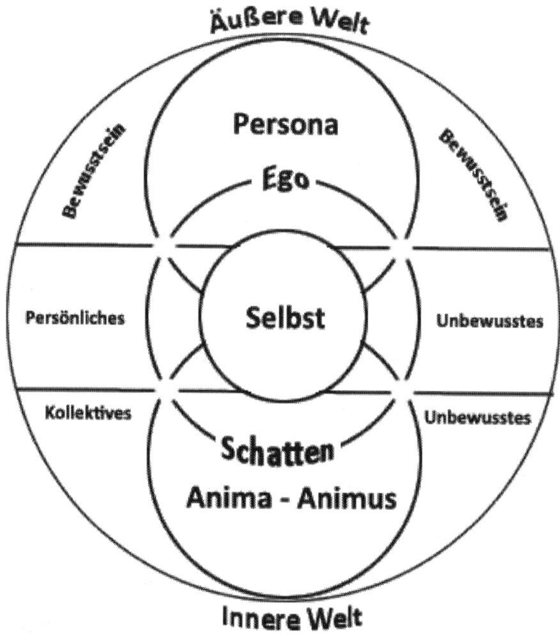

Praxisbeispiel:
Ich-Selbst-Konflikt im Rahmen der Individuation

Es kann und wird im Laufe eines Lebens immer wieder vorkommen, dass das Ich eigene Wege gehen möchte, statt der vom Selbst angestrebten Richtung zu folgen. Meist kommt es zu solchen Situationen, wenn die Akzeptanz und Anerkennung durch andere größere Priorität haben als das Verfolgen eigener Wünsche und Ziele. Hierbei handelt es sich jedoch um einen wichtigen Teil innerhalb des Individuationsprozesses, denn dieser ist geprägt und zugleich angetrieben von inneren Konflikten. Im Grunde brauchen wir diese Konflikte, um überhaupt wachsen zu können, denn manchmal sind wir erst dann in der Lage, unser eigenes Potenzial zu erkennen, wenn wir daran gehindert werden, es auszuleben. Nehmen wir das Beispiel eines Kindes, welches mit großem kreativem Potenzial zur Welt gekommen ist. Dieses kreative Potenzial stellt das individuelle Potenzial dar, das sein Selbst entfalten möchte. Der Individuationsprozess dieses Kindes wird es also zeitlebens immer wieder in diese Richtung drängen. Nun wird das Kind jedoch in eine Familie geboren, die vollkommen andere, sogar gegenteilige Werte verfolgt.

Die Eltern sind zutiefst rationale und bodenständige Menschen von der Sorte, die alle kreativen Tätigkeiten als Zeitverschwendung ansehen und für die nur materieller Erfolg zählt. Dementsprechend werden sie das Kind prägen und es so immer wieder von seinem durch das Selbst vorgegebenen Weg abzubringen versuchen. Sie werden es drängen, einen bodenständigen Beruf zu ergreifen und seine Zeit nach ihren eigenen Wertvorstellungen sinnvoll zu gestalten. Das Kind wird nun immer wieder vor die Wahl gestellt: Entweder verfolgt es seinen eigenen Weg, gibt dem inneren Drang nach Kreativität nach und entfaltet auf diese Art seine ureigene, echte Persönlichkeit oder es gibt dem Druck von außen nach und passt sich an. Dann füttert es seine Persona, also sein falsches Ich. Diese Entscheidung hätte jedoch ihre Konsequenzen, denn das Kind würde damit immer mehr an Authentizität verlieren. Es würde eine Persona gestalten, die von seinem wahren Wesen nicht nur weit entfernt ist, sondern sogar den Gegensatz zu diesem darstellt. Seine wahren Werte würden dann vom Ich in den unbewussten Schatten geschoben, weil sie inkompatibel mit denen seiner sozialen Gruppe wären.

Doch alles, was in den Schatten verdrängt wird, drängt wieder zurück in das Licht des Bewusstseins. Dies muss so sein, weil das Ich sich nur dann selbst erkennen kann, wenn es sich all seiner Anteile bewusst ist. Werden Anteile, die ins Bewusstsein streben, jedoch immer wieder ignoriert und zurückgedrängt, führt dies auf lange Sicht in die Depression, und zwar in eine tatsächliche, klinische Depression. Wer sein wahres Selbst dauerhaft ignoriert, den bremst irgendwann der eigene Körper aus. Dies liegt daran, dass die unbewussten, verdrängten Anteile sich auf physischer Ebene manifestieren, wenn sie anders kein Gehör finden. Wenn wir gesund, glücklich und zufrieden sein wollen, dann müssen wir authentisch sein, auch wenn wir damit anecken. Authentisch zu sein bedeutet schlussendlich nichts anderes, als dem Weg zu folgen, den unser Selbst uns vorgibt. Glaubt jemand tatsächlich, etwas anderes zu wollen, als sein Selbst ihm vorgibt, so unterliegt er einer Täuschung.

Das Selbst ist unser wahres Wesen, wenn es auch nicht bewusst ist. Der Sinn des menschlichen Lebens liegt ja gerade darin, dieses Selbst zu erkennen und in seinem Ich zu spiegeln. Das bedeutet, die falsche Maske, die wir uns durch die Persona aufsetzen, muss im Laufe des Lebens immer mehr bröckeln und sich auflösen. Die Persona entsteht überhaupt nur, weil wir bestrebt sind, uns anzupassen. Dies ist grundlegend auch notwendig, jedoch müssen wir lernen, uns anzupassen, ohne uns selbst dabei zu verlieren.

Theorien, die ebenfalls auf die Existenz des kollektiven Unbewusstseins hindeuten

Woher kommt denn nun dieses ominöse, nur schwer greifbare, kollektive Unbewusste? Jung zufolge ist es angeboren und stellt den Gegensatz zum kollektiven Bewusstsein der Menschheit dar, aus dem es seine Bilder speist. Dennoch ist dieses Kollektivbewusstsein kein Teil von Jungs Persönlichkeitsmodell, obwohl es helfen könnte, dieses besser zu verstehen. Darauf komme ich im Abschluss dieses Kapitels noch zurück. An dieser Stelle möchte ich zunächst auf die bereits angesprochenen Theorien eingehen, die eines Tages helfen könnten, die Theorie des kollektiven Unbewussten zu beweisen oder dies im Ansatz sogar schon tun. Da wäre zunächst die Theorie der morphischen Felder von Rupert Sheldrake, einem britischen Biologen und Autor. Dieser beschäftigte sich jahrelang mit der Evolution von Pflanzen mit der Fragestellung, wie sich diese aus einem einfachen Keim zu einer charakteristischen, ihrer Art entsprechenden Pflanze entwickeln können. Dieser Prozess nennt sich Morphogenese, was übersetzt so viel bedeutet wie „formgebender Prozess".

In der Biologie wird diese Frage bis heute unzureichend beantwortet mit der Aussage, dass die Erscheinungsform einer Spezies in ihren Genen verankert ist. Da jedoch sämtliche Zellen eines Organismus über den exakt gleichen Code verfügen, ist es im Grunde ein Rätsel, woher zum Beispiel eine Zelle im Auge weiß, welche Form sie annehmen soll. Ihr genetischer Code ist zu einhundert Prozent identisch mit dem der Zellen in den Armen, Beinen, Organen und sämtlichen anderen Teilen des Körpers. So entstand der Begriff der morphogenetischen Felder, der nicht wirklich erklärt werden kann, denn niemand weiß, wie sie funktionieren. Die wissenschaftliche Gemeinschaft glaubt oder hofft lediglich, dass sich ihre Funktionsweise eines Tages durch bis heute unbekannte, chemische Prozesse erklären lassen wird. Rupert Sheldrake ließ diese Frage jedoch nicht los, denn er glaubte mit zunehmender Forschung immer weniger an die Möglichkeit einer solchen Erklärung. Somit stellte er 1981 die Theorie der morphischen Felder auf, nach der es sich bei diesen Feldern um tatsächliche Felder handelt, die auf Ebene der Energie wirken, ähnlich wie zum Beispiel elektromagnetische Felder, die ja bereits anerkannt und erforscht sind.

Die Theorie dieser Felder besagt vereinfacht ausgedrückt, dass eine Vielzahl an morphischen Feldern existiert. Diese enthalten sämtliche, für die Spezies, die auf diese Felder zugreift, relevanten Informationen. Auf diese Art erhalten diese Felder ihre formgebenden Eigenschaften. Für Sheldrake sind sie also so etwas wie ein kollektives Bewusstsein, welches die Ganzheitlichkeit selbstorganisierender

Systeme erklären kann. Seiner Ansicht nach sind morphische Felder verantwortlich für die Organisation von Systemen auf Ebene der gesamten Existenz, sowohl im Mikrokosmos als auch im Makrokosmos: „Atome, Moleküle, Kristalle, Zellen, Gewebe, Organe, Organismen, soziale Gemeinschaften, Ökosysteme, Planetensysteme, Sonnensysteme und Galaxien."[7] Auch wenn Sheldrakes Theorie bis heute lediglich ein nicht bewiesenes Gedankenexperiment darstellt und eher die Existenz eines kollektiven Bewusstseins ausdrückt, halte ich dies jedoch für nicht unerheblich bezüglich der Existenz eines kollektiven Unbewussten. Jung selbst glaubte an die Dualität oder Polarität der Existenz, also daran, dass alles, was existiert, zwei gegensätzliche Pole in sich trägt. Dies zeigt sich auch in der Anima und dem Animus, welche Teil seines Modells sind. Demnach muss auch ein kollektives Unbewusstsein existieren, wenn es ein kollektives Bewusstsein gibt.

Auch die Systemtheorie[8] des Biologen Ludwig von Bertalanffy[9], welche die Grundlage der systemischen Psychologie[10] darstellt, weist auf die Existenz eines kollektiven Bewusstseins hin. Dabei sind die grundsätzlichen Gedankengänge dieser Theorie so etwas wie das psychologische Pendant zu Sheldrakes morphischen Feldern. Allein in diesen beiden Theorien finden wir also sehr deutliche Hinweise, dass das kollektive Bewusstsein und damit auch das kollektive Unbewusstsein eines Tages wissenschaftlich erklär- und nachweisbar sein werden.

---

[7] Quelle: https://bit.ly/3pUepB9

[8] **Systemtheorie:** Philosophisch-soziologische Theorie der Kommunikation, welche versucht, komplexe soziologische Strukturen innerhalb der Gesellschaft zu erklären und deren Verhalten vorauszusagen.

[9] **Ludwig von Bertalanffy:** Systemtheoretiker und theoretischer Biologe, 1901–1972

[1010] **Systemische Psychologie:** Psychotherapieansatz, der Probleme nicht als individuelle Störung betrachtet, sondern als Störung des gesamten Systems, also der gesamten Gruppe

ERGÄNZUNG VON JUNGS PERSÖNLICHKEITSMODELL

Zugegeben, das Persönlichkeitsmodell von C. G. Jung, auf dem dieses gesamte Buch beruht, ist vielschichtig und komplex und schon von daher nicht ganz einfach zu verstehen. Hinzu kommt die erschwerende Tatsache, dass es über Komponenten verfügt, die für uns kaum greifbar sind, damit meine ich nicht nur das kollektive Unbewusste mit seinen Archetypen, sondern vor allem das Selbst, welches sich einer wissenschaftlichen Betrachtungsweise vollständig entzieht. Auch der Prozess der Individuation ist nicht ohne Weiteres verständlich, denn auch, wenn er sich kurz zusammengefasst erklären lässt, gäbe es doch einiges mehr darüber zu sagen und zu verstehen. Aus all diesen Gründen möchte ich dieses Kapitel abschließen mit meiner eigenen, ergänzenden Sichtweise auf diese Inhalte. Diese habe ich bereits im vorigen Unterkapitel anklingen lassen, indem ich die Theorie der morphischen Felder und die Systemtheorie als möglicherweise zukünftigen Beweis für die Existenz des kollektiven Unbewussten mit einbrachte. Doch gibt es noch etwas anderes, das ich Jungs Theorie hinzufügen möchte, um sein Modell verstehbarer und greifbarer zu machen: das Analogieprinzip.

Dieses Prinzip ist weitgehend bekannt, zum Beispiel im Bereich der Esoterik, als eines der hermetischen Gesetze[11] nach Hermes Trismegistos[12]: wie oben, so unten, wie innen, so außen, wie im Großen, so im Kleinen. Doch ist uns dieses Prinzip auch bei den morphischen Feldern bereits indirekt begegnet, und zwar bei der Aussage, dass diese Felder Systeme innerhalb der gesamten Existenz ordnen, sowohl im Makro- als auch im Mikrokosmos. Im Grunde handelt es sich hierbei um ein Prinzip, welches sich durch simple Beobachtung

[11] **Hermetische Gesetze:** Überlieferte philosophische Schriften ungeklärter Herkunft und ungeklärten Alters

[12] **Hermes Trismegistos:** Mythologische Göttergestalt der antiken Griechen, dem die hermetischen Texte in Esoterikkreisen zugeordnet werden

bestätigen lässt: So kreisen die Planeten um die Sonne wie Elektronen um einen Atomkern. Formen, die wir im Universum finden, wie zum Beispiel die Spiralform von Galaxien, finden sich vielfach im Kleinen auf der Erde wieder. Dabei ist besonders die Spiralform eine grundlegende Form für eine Vielzahl an Organismen, vom Brokkoli über Schnecken bis hin zur Form der Hörner einiger Huftiere.

Worauf ich hinaus will, ist Folgendes: Eine Erweiterung von Jungs Persönlichkeitsmodell um das Analogieprinzip macht dieses Modell und besonders das Selbst und den Individuationsprozess verstehbarer. Jung selbst glaubte an dieses Prinzip, genauso wie an die Existenz eines kollektiven Bewusstseins. Weshalb er beides nicht seinem Modell hinzufügte, darüber kann ich nur spekulieren. Im Folgenden möchte ich jedoch versuchen, sein Modell auf genau diese Art zu erklären.

Die gesamte Existenz unterliegt gewissen Prinzipien. Für diesen Erklärungsversuch relevant ist neben dem Analogieprinzip auch das Prinzip der Polarität. Demnach ist die Existenz nicht nur physisch vorhanden, in seiner Ausprägung durch Galaxien, Sterne und Planeten sowie Lebewesen aller Art, sondern auch auf einer energetischen Ebene. Auf dieser Ebene präsentiert sich die Existenz durch Quanten, Atome, Moleküle, Licht und jegliche Form von Energie sowie durch das Prinzip des Bewusstseins. Das Bewusstsein nach psychologischem Verständnis ist nicht physischer Natur und muss somit dem energetischen Aspekt der Existenz angehören. Jung wandte das Polaritätsprinzip zwar auf sein Persönlichkeitsmodell an, jedoch nur teilweise, indem er das persönliche oder individuelle Unbewusste unterteilte in die Anima und den Animus. Ich möchte dies nun ergänzen, indem ich es auf das gesamte Modell anwende. Dabei wende ich eine möglichst bildhafte Sprache an, die es ermöglichen soll, vor dem geistigen Auge ein Bild dieses Modells entstehen zu lassen.

Zu Beginn, im Augenblick vor der Geburt oder möglicherweise bereits der Zeugung, haben wir lediglich eine einzelne Komponente, die durch das Symbol des Yin-Yang repräsentiert wird, um ihre Polarität deutlich zu machen. Es handelt sich bei diesen Polen um das kollektive Bewusstsein und sein Gegenstück, das kollektive Unbewusstsein. Man stelle es sich als ein morphisches Feld vor, welches allgegenwärtig ist, unabhängig von Zeit und Raum. Wir befinden uns also derzeit auf der energetischen Ebene der Existenz. Wird nun eine neue Kreatur geboren, in unserem Fall ein Mensch, müssen wir diesem Bild eine weitere Komponente hinzufügen, mit der nach Jungs Theorie alles menschliche Leben beginnt: das Selbst. Dieses repräsentiert sich in unserem Bild durch einen grauen Kreis, der in der Mitte des Yin-Yang-Symbols liegt. Grau ist es deshalb, weil das Selbst nach Jung über keinerlei Polarität verfügt. Man könnte es als eine Bewusstseinsform begreifen, die außerhalb der uns bekannten Existenz steht, eine Art göttlicher Funke, der jedoch nach psychologischer Betrachtung unbewusst ist.

An dieser Stelle sollte deutlich werden, dass sich im Selbst doch gegensätzliche Polaritäten zeigen, nämlich in Form eines unbewussten Bewusstseins oder unbewussten Geistes. Am ehesten lässt sich dies greifen, indem man sich eine Verschmelzung dieser grundsätzlich vorhandenen Polaritäten vorstellt, die im Selbst zum Ausdruck kommt. Das Selbst ist somit Beginn und Ziel der menschlichen Reise, denn sobald es in Kontakt mit dem morphischen Feld des kollektiven Bewusst- und Unbewusstseins kommt, entsteht gemäß dem Analogieprinzip eine gegensätzliche Entsprechung seiner Selbst auf der physischen Ebene. Deshalb fügen wir unserem Bild nun ein weiteres Yin-Yang-Symbol hinzu, welches neben dem ersten liegt. In seiner Mitte befindet sich wieder ein Kreis, der diesmal jedoch transparent ist. So stellt dieser Kreis das Ich dar, die gegensätzliche Entsprechung und gleichzeitig die Analogie des Selbst. Gegensätzlich zum Selbst ist es deshalb, weil es der Polarität unterworfen ist, es existiert ja auf der physischen Ebene.

Somit repräsentiert das Yin-Yang-Symbol auf der linken Seite die energetische Ebene der Existenz mit dem kollektiven Bewusst- und

Unbewusstsein als morphisches Feld und dem Selbst als göttlicher Funke, der in dieses Feld eintritt. Das Yin-Yang-Symbol auf der rechten Seite repräsentiert die physische, materielle Ebene, die man auch als Erfahrungsebene bezeichnen könnte. Hier haben wir das polare Ich, umgeben vom persönlichen Bewusst- und Unbewusstsein, als Analogie oder Spiegelung der energetischen Ebene. Die Unterteilung in Bewusst- und Unbewusstsein symbolisiert zugleich auch die Existenz von Persona (bewusst) und Schatten (unbewusst) sowie von Anima (weibliche Energie als Pendant zum Unbewussten) und Animus (männliche Energie als Pendant zum Bewussten).

Beide Ebenen, die in unserem Bild die beiden nebeneinanderliegenden Yin-Yang-Symbole repräsentiert werden, sind als Einheit zu verstehen. Sie sind lediglich gegensätzliche Teile derselben Sache. Aus diesem Grund sind das Selbst und das Ich verbunden, durch die Ich-Selbst-Achse. Das Ich ist lediglich die materielle Entsprechung des Selbst und damit sind beide Teil eines Ganzen.

An dieser Stelle entsteht die Notwendigkeit des Individuationsprozesses, denn das Ich weiß um die Existenz des Selbst, wenn auch nur auf einer unbewussten Ebene. Gleichzeitig ist es dem Gesetz der Polarität unterworfen und erfährt sich somit als völlig gegensätzlich zu seinem Ursprung. Durch die materielle Welt, innerhalb derer es existiert, werden ihm zusätzliche Anpassungen abverlangt, die es immer weiter von seinem Ursprung entfernen. So entwickelt es Komplexe, also „Einheiten", die aus Gedanken, Gefühlen, Erfahrungen und Erinnerungen bestehen und mit deren Hilfe es sich selbst zu begreifen versucht. So entstehen Persona und Schatten, die sich beide aus diesen Komplexen speisen und im Grunde bereits archetypischer Natur sind. Um diese Komplexe erschaffen zu können, bedient sich das Ich dem Inhalt des kollektiven Unbewussten, welches mit den archetypischen Formen der Menschheit angefüllt ist.

Woher diese archetypischen Formen im kollektiven Unbewussten kommen, lässt sich innerhalb dieses Bildes nun auch erklären.

Beide Ebenen – also die energetische und die physische, materielle – sind im Grunde eins und spiegeln einander. Folglich müssen auf der energetischen Ebene, auf der sich das kollektive Bewusst- und Unbewusstsein befinden, die gleichen Dynamiken und Gesetzmäßigkeiten herrschen wie auf der physischen Erfahrungsebene. Jung selbst bezog sich in seiner Theorie über das kollektive Unbewusste und die Herkunft der Archetypen auf das Kollektivbewusstsein. Wenn es also ein solches Kollektivbewusstsein gibt, warum sollten dort nicht die gleichen Verdrängungsmechanismen existieren wie auf individueller Ebene?

Das lässt sich relativ gut nachvollziehen am Beispiel der menschlichen Geschichte – zum Beispiel der amerikanischen Geschichte. So stolz die Amerikaner auch auf ihre Demokratie und die damit verbundenen Werte wie Freiheit und Gleichberechtigung sind, so gerne verdrängen sie auch die Wurzel ihres Staates und die Tatsache, dass diese Demokratie ihren Anfang in Massenmord, Sklaverei und Unterdrückung nahm. Diese Verdrängung fand nicht nur auf individueller Ebene statt, sondern eben auch auf kollektiver. Und wie auf individueller Ebene funktioniert jegliche Verdrängung nur mit mäßigem Erfolg, denn so gerne wir Menschen auch die negativen Aspekte unserer Geschichte vergessen würden, sie tauchen doch immer wieder auf. Auf diese Art kann man das kollektive Unbewusste als den Schatten des Selbst betrachten, in dem die negativen und verdrängten Erfahrungen der Menschheit gespeichert sind, jedoch genau wie im persönlichen Unbewussten nicht nur negative und verdrängte Dinge. So entstehen die Formen, die von Jung als Archetypen benannt wurden, und diese werden von Generation zu Generation weitergegeben.

Im Verlauf des Individuationsprozesses greift unser persönliches Unbewusstes dann auf diese Formen zurück und füllt sie mit eigenen, ähnlichen und deshalb passenden Inhalten. Auf diese Art können wir die Erfahrungen unseres Lebens besser einordnen und verstehen, denn es existiert keine Erfahrung, die nicht schon einmal gemacht wurde. Dadurch lernt das Ich sich nicht nur Stück für Stück selbst kennen, es lernt auch immer besser, die Welt und ihren Sinn zu verstehen. Dadurch entfernt es sich jedoch auch in gewisser Hinsicht vom Selbst, bevor es wieder in diese Richtung gehen kann. Das macht den Prozess der Individuation so paradox und schwer verstehbar: Das Ziel dieses Prozesses ist die Wiedervereinigung des Ichs mit dem Selbst. Um dieses aber überhaupt erreichen zu können, muss es sich zunächst in die Gegenrichtung bewegen und sich seiner Selbst vollständig bewusst werden. Doch ist das wahre Selbst auf der energetischen Ebene ja unbewusst, hier findet sich scheinbar ein großer Widerspruch in dieser Theorie. Dennoch ist es tatsächlich so, dass durch die Erlangung eines möglichst umfassenden Bewusstseins des Ichs genau der scheinbar gegenteilige Zustand erreicht wird: die scheinbare Bewusstlosigkeit des Selbst.

Verstehbar wird dies durch den Vergleich mit Lernprozessen im Allgemeinen, ich möchte hier aber auf ein ganz bestimmtes Beispiel zurückgreifen: auf den Kampfsport, in diesem Fall Karate. Im Karate existieren die sogenannten Gurte, die mittels unterschiedlicher Farben zum Ausdruck bringen, wie weit der Schüler in seinem Lernprozess bereits vorangeschritten ist. Diese Farben beginnen mit Weiß, werden mit jedem Fortschritt dunkler und enden bei Schwarz. Der Grundgedanke dahinter ist folgender: Weiß soll die Unschuld und Reinheit symbolisieren, mit der der Lernprozess beginnt. Der Schüler ist rein wie eine weiße Leinwand. Je öfter er den Gurt aber schnürt, um zu lernen, desto dunkler wird er mit der Zeit, bis er schwarz wird und aus dem unschuldigen Schüler ein Meister geworden ist. Die Schwarzgurte werden jedoch aus einem ganz speziellen Stoff gefertigt, der nur eine sehr dünne schwarze Schicht hat. Diese nutzt sich im Laufe der Zeit, also bei jedem Schnüren, ab, bis der Gurt wieder weiß ist. Dies symbolisiert die neue Unschuld, die der Meister erlangt hat.

Erweitertes Persönlichkeitsmodell und Individuationsprozess nach C.G.Jung

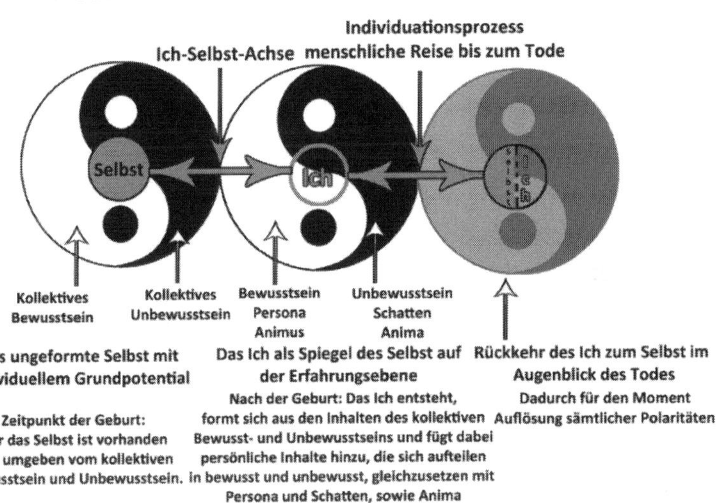

Auf physischer Ebene sieht das dann so aus, dass alles, was wir erlernen, immer mehr zu einem Teil unseres Selbst wird. Zu Beginn eines Lernprozesses ist noch höchste Konzentration des Bewusstseins erforderlich, mit zunehmendem Training geht das Gelernte jedoch in Fleisch und Blut über, bis man schlussendlich keine bewusste Konzentration mehr zum Ausüben der erlernten Tätigkeit benötigt. So definiert sich Meisterschaft und hier kommen wir dem Ziel des Individuationsprozesses zum Greifen nahe. Jung war der Auffassung, dass die Individuation innerhalb des Lebens niemals vollständig erreicht werden kann, denn wie in dem bereits angeführten Zitat über das Selbst sagte er ganz klar, dass es unmöglich sei, vollständiges Bewusstsein zu erreichen. Warum aber sollte die Seele ein Ziel haben, welches unmöglich erreichbar ist? Ich denke, es existieren zwei Ziele innerhalb dieses Prozesses: Das erste Ziel ist das Erlangen der Meisterschaft im Leben. Damit ist keine vollständige Bewusstwerdung gemeint, wie Jung sie anstrebte, sondern eher der eben beschriebene Zustand.

Im **Zen-Buddhismus** und auch im Karate verwendet man für diesen Zustand den Begriff „Satori", der aus dem Japanischen stammt und wörtlich übersetzt „Verstehen" bedeutet. Gleichgesetzt wird dieser Begriff jedoch mit Erleuchtung und die Art des Verstehens, die hier gemeint ist, lässt sich mit einem meditativen Zustand oder dem Flow-Zustand vergleichen. Wem es gelingt, sein Leben mit allen Anforderungen so zu meistern, dass er einfach im Flow der Ereignisse „mitschwimmen" kann, der ist seinem wahren Selbst so nahe, wie es überhaupt zu Lebzeiten möglich ist. Der sogenannte Flow-Zustand, den der Glücksforscher Mihály Csíkszentmihályi[13] theoretisch ins Leben rief und der heute ein fester Begriff vor allem innerhalb der Positiven Psychologie [14]ist, beschreibt diesen erforderlichen Zustand genau. Es ist ein Zustand des sich selbst Vergessens, während man vollständig in seiner Tätigkeit aufgeht, ein Funktionieren in angestrebter und beinahe erreichter Meisterschaft, bei dem das Ich und jegliche bewusste Konzentration in den Hintergrund treten und man einfach nur IST. Das Zeitgefühl löst sich dabei vollständig auf, man ist im Hier und Jetzt angekommen.

Damit dieser Zustand erreicht werden kann, benötigt es gewisse Voraussetzungen, so muss ein Gleichgewicht bestehen zwischen der Höhe des Anspruchs und den eigenen Fähigkeiten. Das bedeutet, man muss gefordert werden, darf sich jedoch nicht überfordert fühlen. Auch eine Unterforderung führt dazu, dass der Flow-Zustand entweder verloren geht oder gar nicht erst aufkommt.

---

[13] **Mihály Csíkszentmihályi:** Ungarischer Psychologe, 1934–2021

[14] **Positive Psychologie:** Auch „Glücks-Psychologie" oder „Glücksforschung", Teilgebiet der Psychologie, welches sich darauf konzentriert, was Menschen glücklich macht, statt nach den Ursachen für Unglück zu suchen

Übertragen wir diesen Flow-Zustand also einmal von bestimmten Tätigkeiten, die im Grunde alles sein können, auf die Meisterung des Lebens selbst: Es geht darum, zu lernen, den Anforderungen des Lebens auf eine Art zu begegnen, die einen Flow-Zustand hervorruft. Dabei müssen die Anforderungen entweder kontinuierlich steigen, damit dieser Zustand anhält, oder man muss den Zustand verlassen, um wieder hineinfinden zu können. Im Leben ist Letzteres wohl die realistischere Variante, denn mal langweilen wir uns und mal sind wir vollkommen überfordert. Wenn es uns jedoch gelingt, innerhalb dieser Lebensprozesse auf die richtige Art mitzuhalten, können wir lernen, im Flow-Zustand zu leben und auf diese Art unserem Selbst so möglichst dauerhaft nahe zu sein. Dies ist meiner Ansicht nach das erste Ziel des Individuationsprozesses, doch gibt es darüber hinaus noch ein weiteres, welches wir alle automatisch erreichen: den Tod.

Im Augenblick des Todes vereinen sich die energetische und die materielle Ebene, die Grenzen lösen sich auf und Ich und Selbst vereinen sich wieder. Das Ich wird wieder unbewusst und kehrt zum Selbst zurück, an dieser Stelle endet die menschliche Reise und beginnt wieder von vorn. Das ist die Analogie zur irdischen Evolution auf psychischer Ebene. Um diesen letzten Schritt nun auch noch zu verbildlichen, fügen wir unseren zwei Yin-Yang-Symbolen noch ein drittes hinzu, neben den beiden anderen. In dessen Mitte findet sich ein weiterer Kreis, der gleichzeitig das Selbst und das Ich darstellt, beide miteinander vereint im Augenblick des Todes, am tatsächlichen und endgültigen Ziel der menschlichen Seele angelangt. In diesem kurzen Augenblick lösen sich sämtliche Polaritäten auf, da das Ich und das Selbst nach ihrer Wiedervereinigung auch von der Ebene der Energie verschwinden, um an anderer Stelle neu zu entstehen.

Polarität verstehen – Anima & Animus

Für ein tatsächliches Verständnis archetypischer Energie und die Fähigkeit, diese auch konstruktiv nutzen zu können, ist es unerlässlich, das Prinzip der Polarität in der Tiefe zu verstehen. Jung veranschaulichte dieses Konzept, indem er die Begriffe Anima und Animus erschuf. Sein Ziel war dabei vor allem, Menschen zu verdeutlichen, wie sie Eigenschaften ihrer selbst in den Schatten drängen und sich dadurch auch selbst limitieren. Durch gesellschaftliche Einflüsse wurde seine wahre Aussage jedoch so verzerrt, dass heute bei den allermeisten Menschen große Verwirrung zu dieser Thematik herrscht. So liest man zum Beispiel immer wieder, dass Frauen zu lange nicht weiblich sein durften, weil die westliche Gesellschaft übergroßen Wert auf männliche Attribute legte. Dies ist zwar vollkommen richtig, führt jedoch dazu, dass viele Frauen glauben, sie müssten nun auf Teufel komm raus ihre Weiblichkeit leben. Dadurch erreichen sie jedoch nichts anderes, als wieder ein Ungleichgewicht herbeizuführen, indem sie all ihre männlichen Attribute unterdrücken. Dies ist ganz klar nicht, was Jung mit seiner Theorie von Anima und Animus erreichen wollte, sondern im Grunde das genaue Gegenteil! Sicher ist es wichtig, dass Frauen den Mut finden, ihre Weiblichkeit zu leben, doch eine Frau ohne jegliche männlichen Attribute wird im Leben auf gigantische Probleme stoßen, ebenso wie ein Mann ohne weibliche Attribute.

Bevor wir uns aber damit auseinandersetzen, was männlich und weiblich eigentlich bedeutet und wie man mit dieser inneren Polarität am gesündesten umgeht, schauen wir uns zunächst einmal an, wie Jung dieses Thema betrachtete und was seine Motivation dafür war, dies überhaupt zu tun. Für ihn lag der Schwerpunkt dieser Thematik nämlich tatsächlich auf der damit verbundenen Schattenarbeit und viel weniger auf der Polarität an sich. Diese ist zwar naturgegeben vorhanden, verursacht jedoch nicht die Probleme, die bei der Verdrängung bestimmter polarer Eigenschaften entstehen. Vereinfacht gesagt: Nicht unsere Polarität macht uns Probleme, sondern unsere Betrachtungsweise derselben und unser Umgang damit. Es handelt sich deshalb weit mehr um ein gesellschaftliches als ein psychologisches Problem. Will man es auf der simpelsten Ebene ausdrücken, handelt es sich bei Polaritäten um nichts weiter als gegensätzliche Eigenschaften, also um Attribute, die entweder einer aktiven, also positiven, oder einer passiven, also negativen, Energie unterliegen. Erst die Bewertung dieser Attribute und die Konsequenzen dieser Bewertungen machen es überhaupt notwendig, sich mit dem Thema Polarität auseinanderzusetzen.

Damit kommen wir zurück zur Schattenarbeit, die Jungs eigentliche Motivation war, sich mit der Polarität des Menschen eingehender zu befassen. Ich möchte dies am Beispiel eines Mannes verdeutlichen, der mit einer Mutter aufwuchs, die zu wenig weibliche Eigenschaften zeigte. Dies hat sich zum Beispiel in fehlendem Einfühlungsvermögen und mangelnder Fürsorglichkeit ausgedrückt. Diese Eigenschaften fehlten dem Mann während der Zeit, in der er aufwuchs. Statt nun aber zu lernen, diese in sich selbst auszuprägen, um seinen Mangel so an erster Stelle selbst ausgleichen zu können, ist er sich dieses Mangels gar nicht bewusst und projiziert somit das, was ihm fehlt, nach außen, auf andere Menschen. So sucht er nun zeitlebens nach einer Partnerin, die besonders diese Eigenschaften in sich ausgeprägt hat, und macht dies zu seinem Idealbild einer Frau. Gleichzeitig erwartet er nun auch von jeglicher Partnerin, dass sie seinen Mangel ausgleicht, und zwar jederzeit. Ein solch unbewusstes Verhalten kann nicht zu einem erfüllten Leben oder gar einer erfüllten Partnerschaft führen. Niemand kann dauerhaft in nur einer der beiden Polaritäten funktionieren, das ist ungesund, unnatürlich und vollkommen dysfunktional. Die Aspekte der Verdrängung und die dadurch entstehende Projektion waren somit Jungs eigentliche Motivation, sich mit der Anima und dem Animus zu beschäftigen.

Dennoch hat auch Jung selbst die Sache ein wenig zu einseitig betrachtet, denn nach seiner Auffassung existiert in einem Mann lediglich die Anima, also der mehr oder weniger verdrängte weibliche Anteil, und in einer Frau lediglich der Animus, also der mehr oder weniger verdrängte männliche Anteil. Ich möchte an dieser Stelle keinesfalls widersprechen, dass sowohl Anima als auch Animus existieren, jedoch zeigt uns das eben genannte Beispiel, nämlich die Aussage, dass es für Frauen in unserer Gesellschaft schwierig ist, ihre Weiblichkeit zu leben, dass Frauen wohl zwangsläufig auch eine Anima haben müssen statt nur einen Animus. Tatsächlich hat jeder Mensch beides in sich, denn je nach individueller Geschichte und gesellschaftlichen Umständen werden immer beide Anteile teilweise verdrängt. Deshalb ist die Herangehensweise, dass Frauen mehr in ihre Weiblichkeit kommen müssen und Männer mehr in ihre Männlichkeit, grundlegend falsch. Genauso wenig hilfreich ist es meiner Ansicht nach, sich als Frau darauf zu konzentrieren, die männlichen Anteile mit den weiblichen in Balance zu bringen und umgekehrt, auch wenn dies definitiv das Ziel sein sollte. Die Tatsache, dass innerhalb der Gesellschaft stark verzerrte Geschlechterbilder existieren, kann und wird so jeden, der versucht, diese innere Balance zu erreichen, nur in die Irre führen.

Auch wenn nun einmal, körperlich betrachtet, zwei Geschlechter existieren und diese sich gemäß dem Analogieprinzip auch auf psychologischer Ebene wiederfinden müssen, bedeutet das nicht, dass es von Natur aus so vorgesehen ist, dass die physische Ebene bestimmt, welche psychische Polarität allein gelebt werden darf. Anders gesagt bedeutet das: Nur weil jemand physiologisch männlich ist, soll er nicht allein seine männlichen psychologischen Attribute schulen und leben oder eben umgekehrt. Das würde weder in der Natur funktionieren noch in unserer Gesellschaft, die jedoch paradoxerweise genau das von uns erwartet. So sollen Frauen einerseits voll in ihrer Weiblichkeit sein, andererseits müssen sie im Berufsleben „ihren Mann stehen" und so männliche Eigenschaften kultivieren. Tun sie dies jedoch, werden sie in ihrer Weiblichkeit abgewertet. Männer haben mit dem gleichen Problem zu kämpfen, sie müssen dem idealen Männerbild gerecht werden, benötigen jedoch genauso weibliche Eigenschaften, um zum Beispiel in Partnerschaft und Familie optimal funktionieren zu können. Das Leben verlangt einfach, dass wir beide Polaritäten in uns in Einklang bringen, um seinen Anforderungen überhaupt gerecht werden zu können. Da unsere Gesellschaft jedoch so paradox ist, führt die Einteilung in männliche und weibliche Eigenschaften bei dem Versuch, innere Balance zu finden, doch immer nur in eine innere Zerrissenheit.

Darüber hinaus existiert noch ein weiterer Grund, warum die Betrachtung unserer ureigenen Polarität aus der Perspektive männlich vs. weiblich nicht zum Ziel führen kann. Diesen finden wir wieder einmal in der Bedeutung des bekanntesten Symbols für Polarität: Yin und Yang. Die beiden polaren oder gegensätzlichen Extreme sind Teil eines Ganzen, sie gehören also untrennbar zusammen! Nimmt man nun eine vermeintlich „weibliche" Eigenschaft und arbeitet daran, diese in sich selbst zu schulen, ohne jedoch gleichzeitig am „männlichen" Pendant dieser Eigenschaft zu arbeiten, entsteht ein Ungleichgewicht. Betrachten wir dies einmal am Beispiel der Entscheidungsfähigkeit, eine als männlich betrachtete Eigenschaft. Wer nun an die Sache so herangeht, dass er seine männlichen Eigenschaften schulen will, um eine Balance zwischen den Polaritäten herzustellen, wird sich also vollständig darauf konzentrieren, genau diese Fähigkeit bis zur Perfektion zu schulen. Im Ergebnis wird diese Person zwar vollständig entscheidungsfähig werden, beherrscht das Gegenteil – Loslassen und Vertrauen – jedoch überhaupt nicht. Da beide Eigenschaften zusammengehören wie Yin und Yang, also Entscheidungsfähigkeit und Loslassen, tritt an die Stelle des Loslassens etwas anderes: eine zwanghafte Sucht danach, andere zu kontrollieren, indem man ihnen die Entscheidungen abnimmt. Die fehlende Eigenschaft, also das Loslassen, wird nach außen projiziert und andere müssen diese Funktion nun erfüllen, damit die Person sich vollständig fühlen kann. Hier haben wir das gleiche Prinzip wie im vorigen Beispiel mit dem Mann, dessen Mutter zu wenig fürsorglich und mitfühlend war. Die Konzentration auf männlich und weiblich funktioniert aus genau diesem Grund nicht.

Hören wir also auf, zu bewerten, was männlich und weiblich ist und wie der ideale Mann oder die ideale Frau sein sollte und stellen uns der Tatsache, dass das tatsächliche Ideal ein ganz anderes ist: Die Fähigkeit, immer genau die Polarität leben zu können, die gerade von den Umständen gefordert wird. Auf diese Weise müssen wir lediglich lernen, bestimmte Eigenschaften wertfrei in uns zu schulen, sodass wir über ein ausgeglichenes Repertoire an Möglichkeiten verfügen, den Anforderungen des Lebens zu begegnen. Genauso wichtig ist es, dass wir lernen, diese Eigenschaften nicht nur im Außen anwenden zu können, also bezogen auf andere Menschen, sondern vor allem auch an uns selbst. So können wir unsere eigenen Bedürfnisse stillen, statt deren Erfüllung auf andere zu projizieren, und kreieren als angenehmen Nebeneffekt plötzlich gesunde, zwischenmenschliche Beziehungen, die tatsächlich wachsen und gedeihen können. Gleichzeitig lernen wir so, wirklich jeder Herausforderung des Lebens angemessen und bestmöglich begegnen zu können. Somit nützt uns das Ausbalancieren unserer eigenen Polarität sowohl im Privatleben als auch beruflich, wirklich erfolgreich zu sein.

Aus diesem Grund habe ich eine Tabelle entwickelt, die nicht nur männliche und weibliche Attribute aufzeigt, sondern gleichzeitig auch deutlich macht, wie diese jeweils zusammengehören. Nicht alle menschlichen Attribute oder Fähigkeiten lassen sich nämlich in diese Schwarz-Weiß-Kategorie einteilen, einige sind tatsächlich grau. Diese Eigenschaften vereinen sowohl männliche als auch weibliche Attribute in sich, weshalb man sie mit den Augen von Yin und Yang gleichsetzen könnte. Sie stellen die Vereinigung der Polaritäten dar und zeigen deutlich auf, dass die wahre Perfektion in der Balance liegt.

Dabei zeigt die Tabelle selbstverständlich nur eine Auswahl der unendlichen Vielzahl menschlicher Attribute, denn alle darzustellen, würde absolut den Rahmen sprengen, wenn Sie mögen, können Sie diese Tabelle aber weiterführen und mit Eigenschaften, die Ihnen auffallen, für sich vervollständigen.

Anhand der ausgewählten Beispiele sollte es jedoch jedem möglich sein, sich eigene Gedanken zu machen und auch in Bezug auf andere menschliche Eigenschaften die Gegensatzpaare zu finden, genauso wie die sie vereinigenden Eigenschaften. Damit die Einteilung in männlich und weiblich leichter fällt, muss man sich lediglich bewusst machen, ob eine Eigenschaft eher aktiv oder eher passiv ist, auf diese Art werden Irrtümer ausgeschlossen. Anhand der folgenden Tabelle sollte dies deutlich werden. Auf die einzelnen männlichen und weiblichen Eigenschaften werde ich nun im Anschluss noch detailliert eingehen.

Eigenschaften / Kompetenzen aktiver Energie Gebende, erzeugende Energie	**Verbindung der Polaritäten, Grauzone, „Die Augen von Yin und Yang“**	**Eigenschaften / Kompetenzen passiver Energie** Nehmende, empfangende Energie
Schaffenskraft		Inspiration
Rationalität, Logik	**Kreativität**	Intuition
Konzentration		Entspannung
Entscheidungskraft		Loslassen, Hingabe
Handlungsfähigkeit	**Erfolgskompetenz**	Einschätzungsvermögen
Stärke		Flexibilität
Durchsetzungsvermögen		Nachgiebigkeit
Kontrollvermögen	**Kompromissfähigkeit**	Vertrauen
Grenzen setzen		Sich öffnen

Kreativität

Denkt man einmal in der Tiefe über die Thematik männlicher und weiblicher Eigenschaften nach, wird einem bei Kreativität wohl als Erstes auffallen, dass diese sich keiner Seite eindeutig zuordnen lässt. Das spiegelt sich sowohl in der Geschichte der Menschheit als auch in der Gesellschaft wider. Gerade in der Vergangenheit der westlichen Welt wurde Kreativität tatsächlich als rein männliches Attribut gewertet. Frauen traute man künstlerisches Erschaffen nicht zu und selbst heute noch haben Frauen es nicht leicht in Studiengängen wie Kunstgeschichte oder Literatur. Sieht man sich die Kunst- oder Literaturgeschichte einmal an, findet man auch nur wenige große und bekannte Künstlerinnen oder Autorinnen/Dichterinnen. Doch eigentlich wird Kreativität hier viel zu einseitig betrachtet, denn für wahre Kreativität benötigt es eben nicht nur den Aspekt des Erschaffens, es braucht genauso Inspiration. Bei der Inspiration handelt es sich aber um eine weibliche Eigenschaft, denn sie unterliegt einer empfangenden, passiven Qualität. Damit haben wir das erste Gegensatz- oder polare Paar, welches zur Eigenschaft der Kreativität gehört: Schaffenskraft auf der aktiven, männlichen Seite und Inspiration auf der passiven, weiblichen Seite.

Doch zur Kreativität gehört noch weit mehr. Wer etwas Neues erschaffen will, benötigt Rationalität und Logik – beides aktive, männliche Eigenschaften. Ob man nun etwas Funktionelles erschaffen möchte, beispielsweise eine Maschine, oder etwas Künstlerisches, etwa ein Buch, der rationale Verstand muss in der Lage sein, zu überprüfen, ob das gewünschte Ziel auf eine bestimmte Art erreicht werden kann. Dazu muss der Erschaffer in der Lage sein, in logischen Schritten aufeinander aufzubauen. Doch damit allein kommt man immer noch nicht zum Ziel, denn ohne jegliche Intuition, eine passive, weibliche Eigenschaft, gerät man bei der Erschaffung von etwas Neuem schnell ins Stocken oder gar in eine Sackgasse. Wer sich in solchen Situationen von seiner Intuition führen lassen kann, kommt schneller und direkter ans Ziel. Beim dritten und letzten Gegensatzpaar der Kreativität, also der Konzentration und Entspannung, handelt es sich wohl auch um das interessanteste Paar.

Denn in der Verbindung dieser beiden gegensätzlichen Eigenschaften entsteht etwas, womit wir uns im Zusammenhang mit dem Individuationsprozesses bereits befasst haben: der Flow-Zustand. Ich denke, jeder, der sich schon einmal einem kreativen Prozess hingegeben hat, wird mir hier zustimmen, denn letzten Endes ist es doch genau dieser Zustand, der einen so süchtig nach kreativer Arbeit machen kann. An dieser Stelle wird wohl am deutlichsten, warum Kreativität die Vereinigung sowohl männlicher als auch weiblicher Attribute darstellt. Konzentration ist ein aktiver, angespannter Zustand, bei dem die gesamte geistige Kapazität auf das Ziel oder die Aktivität ausgerichtet ist. Damit handelt es sich klar um ein männliches Attribut. Entspannung hingegen ist ein passiver Zustand des Loslassens oder Zulassens, also sehr deutlich der weiblichen Seite zuzuordnen. Sowohl Kreativität als auch der Flow-Zustand sind jedoch nur möglich, wenn beides miteinander vereint wird.

Erfolgskompetenz

Unter Erfolgskompetenz versteht sich die Fähigkeit, seine Ziele auch tatsächlich erreichen zu können. Damit ist also nicht allein Zielstrebigkeit gemeint, denn auch, wer über diese Eigenschaft verfügt, hat noch lange keine Erfolgsgarantie. Wer tatsächlich erfolgreich sein will, benötigt dafür eine Vielzahl an unterschiedlichen Eigenschaften, die ebenfalls polarer Natur sind. Dabei spielt es keine Rolle, worin der angestrebte Erfolg besteht, sei es nun beruflicher Erfolg, Erfolg in Beziehungen oder zum Beispiel im Sport, immer benötigt es die gleichen, grundlegenden Eigenschaften, um von einer Erfolgskompetenz sprechen zu können. Auf der aktiven, also männlichen, Seite benötigt es dafür die Fähigkeit, zielgerichtet zu handeln und Entscheidungen zu treffen. Darüber hinaus ist auch Stärke gefordert, in diesem Fall vor allem geistige oder Willensstärke, um auch bei Schwierigkeiten am Ball zu bleiben.

Diese Fähigkeiten allein sichern jedoch noch keinen Erfolg, denn es braucht auch ein gutes Einschätzungsvermögen, um überhaupt einen funktionierenden Plan oder Weg zum Ziel entwickeln zu können. Beim Einschätzungsvermögen handelt es sich um eine passive, empfangende Eigenschaft, sie gehört also zur weiblichen Seite. Diese Eigenschaft wird außerdem benötigt, um rechtzeitig einschätzen zu können, ob ein geplanter Weg möglicherweise doch nicht zum Ziel führt. Dann braucht es Flexibilität, wobei es sich ebenfalls um eine weibliche Eigenschaft handelt, denn um flexibel zu sein, muss man nachgeben können, was passiv statt aktiv ist. Bei der letzten weiblichen Eigenschaft, die zur Erfolgskompetenz gehört, handelt es sich dann noch um die Fähigkeit, loszulassen und sich dem Prozess hinzugeben, sobald deutlich ist, dass man sich auf dem richtigen Weg befindet.

Kompromissfähigkeit

Kompromisse müssen wir im Leben ständig finden, damit es aber nicht zu faulen Kompromissen kommt, bei der eine Seite bekommt, was sie will, während die andere Seite komplett verzichten muss, benötigt es auch hier sowohl aktive, männliche, als auch passive, weibliche, Fähigkeiten. Auf der aktiven Seite braucht man Durchsetzungsvermögen und die Fähigkeit, Dinge zu kontrollieren, außerdem muss man in der Lage sein, persönliche Grenzen klar und deutlich zu setzen. Dies alles ist notwendig, damit man nicht übervorteilt wird. Um stattdessen aber nicht einfach den anderen zu übervorteilen, braucht es eben auch weibliche, passive Eigenschaften. Dazu gehört vor allem die Fähigkeit, sich zu öffnen, um die Argumente und Beweggründe der Gegenpartei verstehen zu können. Genauso ist das Vertrauen erforderlich, dass alle Beteiligten tatsächlich daran interessiert sind, einen für alle guten Kompromiss zu finden. Zu guter Letzt braucht es dann noch

Nachgiebigkeit in den Punkten, in denen man sich zum Kompromiss trifft, denn jeder muss hier sowohl nachgeben als auch sich durchsetzen können.

In der Praxis sollten alle Beteiligten deshalb zunächst in sich gehen, um festzulegen, welche Punkte ihnen besonders wichtig sind und warum. Es ist von Vorteil, sich hier eine Liste anzulegen, dann kann man klar herausarbeiten, worauf man verzichten kann und ob man dafür evtl. etwas im Gegenzug erwartet. Auch die eigenen Argumente zur Begründung, warum von bestimmten Punkten nicht abgewichen werden kann, sollten zunächst schriftlich formuliert werden. Dabei sollte jeder die Punkte, auf die er keinesfalls verzichten kann, markieren, diese sollten in der Anzahl jedoch auf zwei Punkte begrenzt werden. Nun können sich die Beteiligten zusammensetzen und jeder trägt vor, was er erarbeitet hat. Die Grundregel dabei lautet, dass die zwei Punkte, die unverzichtbar sind, für alle Beteiligten eingehalten werden müssen. In allen anderen Punkten sind Abweichungen erlaubt. Jetzt muss lediglich eine Lösung erarbeitet werden, bei der keiner auf diese indiskutablen Punkte verzichten muss. Ist dies nicht möglich, ein Kompromiss jedoch unverzichtbar, kann man einen weiteren Kompromiss treffen. In diesem Fall verzichtet derjenige, für den der Verlust am geringsten ist. Dafür bekommt er beim nächsten fälligen Kompromiss das Vorrecht auf Erfüllung seiner Bedürfnisse.

POLARITÄT IM ALLTAG: WANN IST WELCHE ENERGIE ANGEBRACHT?

Inzwischen sollte jeder in der Lage sein, männliche und weibliche Attribute klar voneinander unterscheiden oder einteilen zu können, und zwar ohne sich dabei in die Verwirrung zu verstricken, die die Begriffe männlich und weiblich, dank der in unserer Gesellschaft verzerrten Geschlechterrollen, mit sich bringen. Doch genügt diese Fähigkeit allein noch nicht, denn um das Prinzip der Polarität auch für sich nutzbar machen zu können, sollte man wissen, in welchen Situation welche Energie jeweils angebracht ist. Nur wer seine innere Polarität in Balance gebracht hat, kann in jeder Situation, auf jede mögliche Anforderung angemessen reagieren, und dies ebenfalls nur dann, wenn er das Prinzip verstanden hat und somit einschätzen kann, was gerade gefordert wird. Aus diesem Grund möchte ich nun einige Beispiele für Situationen darstellen, in denen entweder männliche oder weibliche Energie zum Ziel führt. Auf diese Art werden auch die Unterscheidungskriterien deutlich, anhand derer eine Bestimmung möglich wird.

Situationen, die den Einsatz männlicher Energie erfordern

Immer dann, wenn es darum geht, sich selbst treu zu bleiben, Autonomie zu wahren oder zu fördern, sich zu schützen oder die eigenen Grenzen zu vertreten, ist männliche Energie gefragt. Diese Anforderungen begegnen uns im Normalfall mehrmals täglich in sämtlichen Lebensbereichen. Im Berufsleben kommt es zum Beispiel häufig dazu, dass Vorgesetzte ihre Angestellten, aufgrund von mangelndem Einschätzungsvermögen, zu Arbeiten einteilen, für die diese nicht qualifiziert sind. In solchen Situationen wäre die weibliche Energie des Nachgebens vollkommen unangebracht, denn so würde man zwar nicht anecken, wäre dafür aber auch nicht in der Lage, zufriedenstellende Arbeit zu leisten. Auch wenn man der Anweisung des Vorgesetzten in dieser Situation nachkäme, wäre damit weder ihm geholfen noch irgendjemandem sonst. Der Vorgesetzte wäre unzufrieden mit dem Ergebnis der geleisteten Arbeit, der Arbeitnehmer wäre unzufrieden mit der Art der Arbeit und stünde zudem noch unter enormem Druck, dem er gar nicht gerecht werden kann. Die angebrachte, bestmögliche Reaktion auf diese Umstände wäre es somit, Nein zu sagen, ein klar männliches Attribut.

Dabei muss man es jedoch nicht belassen, sondern man kann stattdessen rational erklären, warum man für die angeordnete Arbeit nicht geeignet ist. Gleiches gilt natürlich, wenn einem mehr Arbeit aufgebürdet wird, als man in der Lage ist, tatsächlich zu leisten. In einem solchen Fall wäre eine hohe Fehlerquote unvermeidbar, womit wieder niemandem gedient wäre.

Doch auch im Privatleben, vor allem in Beziehungen oder beim Dating, ist der Einsatz männlicher Eigenschaften enorm wichtig. Fordert der Partner mehr, als man bereit ist, zu geben, müssen die eigenen Grenzen klar und deutlich gesetzt und deren Einhaltung gefordert werden. Besonders für Frauen ist dies ein wichtiger Punkt, wenn nämlich beim Dating oder Kennenlernen der Mann mehr von ihnen einfordert, als sie gerade zu geben bereit sind. Viele Männer sind dann in der Durchsetzung ihrer Bedürfnisse zu stark auf sich selbst fokussiert, zeigen also einen Mangel an weiblicher Energie wie Einfühlungsvermögen und Nachgiebigkeit. Die Frauen wiederum geben diesen starken Forderungen zu leicht nach und übergehen damit ihre eigenen Grenzen. Eine mögliche Beziehung auf einem solchen Fundament aufzubauen, hätte jedoch mehr oder weniger fatale Folgen und wäre sicher nicht von Erfolg gekrönt. Grundsätzlich gilt in Beziehungen, egal, ob sie sexueller, partnerschaftlicher, familiärer oder freundschaftlicher Natur sind, dass diese nur dann harmonisch verlaufen können, wenn die persönlichen Grenzen jedes Beteiligten gewahrt werden. Also bedarf es auch hier immer wieder männlicher Energie, unabhängig davon, ob sie von Mann oder Frau eingesetzt wird. Eine Frau wird nicht weniger weiblich, wenn sie lernt, für sich einzustehen und auch einmal Nein zu sagen, sollte dies notwendig sein.

Gerade in Bezug auf das Neinsagen gibt es dabei im Grunde kein Zuviel. Letzten Endes muss jeder für sich selbst entscheiden und hat auch das Recht dazu, was man zulassen, mitmachen oder für andere tun möchte. Wichtig hierbei ist, dass die eigene Integrität und die eigenen Grenzen nicht verletzt werden, würde man Ja sagen. Dafür ist es natürlich notwendig, sich der eigenen Bedürfnisse und Grenzen bewusst zu sein. Steht eine Entscheidung an, sollte man sich deshalb unbedingt die Zeit nehmen, darüber zu reflektieren. Kann man dem Wunsch der anderen Person nachkommen oder spricht etwas dagegen? Hätte man selbst durch ein Ja Nachteile, sollte man noch bedenken, wer um etwas bittet. Menschliche Beziehungen bestehen aus Geben und Nehmen. Handelt es sich beim Bittsteller um eine Person, mit der dieses im Gleichgewicht ist, kann und sollte man eigene Nachteile auch einmal in Kauf nehmen. Es sollte jedoch Grenzen geben, die für niemanden überschritten werden, und diese sollte grundsätzlich jeder für sich definieren. Im Falle, dass solche Grenzen überschritten werden würden, ist die Meinung anderer über das Nein unbedeutend. Niemand kann oder darf für andere entscheiden, was für diese zumutbar ist und was nicht.

Situationen, die den Einsatz weiblicher Energie erfordern

Weibliche Energie benötigen wir immer dann, wenn es darum geht, sich anzupassen, etwas oder jemanden einzuschätzen, mit Gefühlen umzugehen oder wenn es unmöglich ist, etwas zu kontrollieren. Ein gutes Beispiel wäre hier eine Achterbahnfahrt, auch wenn man zunächst denken mag, sich einem solchen Wagnis zu stellen, wäre eher männlich betont. Sicher benötigt es dafür zu Beginn Mut, was eine männliche Eigenschaft ist, da man seine Angst unterdrücken muss. Was es jedoch nach dieser Aktion braucht, ist weibliche Energie: Die Fähigkeit, loszulassen, die Kontrolle abzugeben und darauf zu vertrauen, dass einem nichts Schlimmes geschehen wird. Eine andere Situation, in der definitiv beide Geschlechter weibliche Energie benötigen, ist der sexuelle Akt, denn Hingabe ist auf beiden Seiten genauso erforderlich wie Einfühlungsvermögen, zumindest dann, wenn beide Freude dabei empfinden wollen. Auch der Umgang mit Tieren und Kindern erfordert weit mehr Empathie und Mitgefühl, also weibliche Energie, als Autorität und Durchsetzungsvermögen. Geht es darum, einen Streit schlichten zu müssen, kann die weibliche Energie ebenfalls sehr viel zielführender sein als die männliche. Indem man zuhört, sich in beide Parteien einfühlt und somit dafür sorgt, dass jeder sich gesehen und verstanden fühlt, schafft man überhaupt erst die notwendige Basis, einen Kompromiss oder eine Lösung finden zu können.

Im Berufsleben ist der Einsatz weiblicher Energie ebenfalls von großem Vorteil, besonders in Führungspositionen. Ein guter Vorgesetzter oder Teamleiter muss nicht nur über Autorität verfügen, die dafür sorgt, dass seine Anweisungen auch umgesetzt werden. Im Grunde braucht es mehr weibliche als männliche Attribute, um Menschen nicht nur anleiten, sondern auch erfolgreich zum Ziel führen zu können. Situationen und Anforderungen müssen richtig eingeschätzt werden und die Fähigkeiten und Präferenzen der Mitarbeiter müssen in Entscheidungen einbezogen werden, wozu es vor allem passive, also weibliche Qualitäten benötigt: Zuhören, Empathie, Auffassungsgabe. Nur zufriedene Mitarbeiter, die sich gesehen und geschätzt fühlen, werden auch alles geben und wirklich effizient in ihren Leistungen sein – eine Tatsache, die im letzten Jahrzehnt glücklicherweise immer mehr Vorgesetzten bewusst geworden zu sein scheint.

Persönlichkeitstest: Wie gut sind meine Polaritäten ausbalanciert?

Der folgende Persönlichkeitstest soll dazu dienen, eine möglichst objektive Einschätzung darüber zu treffen, wie weit die eigenen Fähigkeiten und Eigenschaften sich in der Balance zwischen männlicher und weiblicher Polarität befinden. Dabei geht es nicht darum, wie häufig man bestimmte Eigenschaften einsetzt, denn wie bereits erklärt, hängt dies von den jeweiligen Erfordernissen des persönlichen Lebens und Umfelds ab und sagt nichts darüber aus, ob man bestimmte Eigenschaften besitzt und anwenden kann, sollte es erforderlich sein. Ziel dieses Tests ist es, die eigenen Stärken und Schwächen zu ermitteln und so genau erkennen zu können, woran gearbeitet werden muss, um die eigene Balance weiter auszubauen. Die Beantwortung der Fragen findet nach einem Bewertungssystem statt, dabei steht 1 für „stimme gar nicht zu", 2 für „stimmt meistens" und 3 für „stimme voll zu". Da die Fragen in Gegensatzpaaren angeordnet sind, lässt sich anhand der angekreuzten Ziffern das Ergebnis sofort ablesen. Durch die hier festgestellten Defizite werden vermeintliche Schwächen bewusst. Indem künftig der Fokus auf diese gelegt wird, können sie bewusst trainiert werden.

Männliche Energie

Weibliche Energie

Frage 1:

Etwas zu erschaffen, fällt mir leicht (physischen + geistigen Bereich):
1 2 3
Ich empfange durch die unterschiedlichsten Stimuli Inspiration:
1 2 3

Frage 2:

Rationales, logikbasiertes Denken fällt mir leicht:
1 2 3
Meine Intuition ist gut ausgeprägt:
1 2 3

Frage 3:

Ich kann mich gut konzentrieren:
1 2 3
Es fällt mir leicht, mich zu entspannen:
1 2 3

Frage 4:

Entscheidungen zu treffen und dabei zu bleiben, fällt mir leicht:
1 2 3
Ich kann gut loslassen und mich dem Fluss der Ereignisse hingeben:
1 2 3

Frage 5:

Ins Handeln zu kommen, fällt mir leicht:
1 2 3
Situationen und Erfordernisse richtig einzuschätzen, fällt mir leicht:
1 2 3

Frage 6:

Ich kann stark und unnachgiebig sein, wenn es notwendig ist:
1 2 3
Mich flexibel an gegebene oder neue Umstände anzupassen, fällt mir leicht:
1 2 3

Frage 7:

Wenn es notwendig ist, fehlt es mir nicht an Durchsetzungskraft:
1 2 3
Ich kann auch nachgeben, wenn es zum Besten aller oder aus anderen wichtigen Gründen notwendig ist:
1 2 3

Frage 8:

Ich habe in meinem Leben die Kontrolle da, wo es möglich ist:
1 2 3
Ich vertraue darauf, dass ich mit allem umgehen kann, was mir begegnet:
1 2 3

Frage 9:

Ich bin in der Lage, mich abzugrenzen:
1 2 3
Ich kann mich anderen öffnen:
1 2 3

Frage 10:

Ich kann meine Gefühle beherrschen:
1 2 3
Ich kann mich meinen Gefühlen hingeben:
1 2 3

Frage 11:

Ich verfüge über eine natürliche Autorität:
1 2 3
Ich kann mich gut in andere einfühlen:
1 2 3

Polaritäten auf körperlicher Ebene ausbalancieren – Yin-Yoga

Das Yin Yoga ist eine anerkannte Praxis, um den Fluss der Lebensenergie innerhalb der Meridiane wieder in den Einklang und in Harmonie zu bringen und den gestörten Prozess der Selbstheilung erneut anzuregen. Dabei ist das Yin Yoga ein ruhiger, meditativer Stil, bei dem die einzelnen Yogapositionen meistens im Sitzen oder im Liegen für mehrere Minuten gehalten werden. Da das Yin Yoga eine ganzheitliche Wirkung auf unseren Körper ausübt, bringt es sowohl den energetischen als auch den mentalen sowie den grobstofflichen Körper ins gemeinsame Gleichgewicht, wodurch emotionale sowie energetische Blockaden und Störungen aufgelöst werden können. Dadurch verhilft uns das Yin Yoga zu mehr Vitalität, Lebensfreude und letztendlich auch Gesundheit.

Durch das lange Halten der Asanas gelingt es uns, auf unsere Meridiane besonders viel Zug und Druck auszuüben und unseren Energiefluss somit zu harmonisieren. Sobald unsere Muskeln entspannt sind, können wir mit den Dehnbewegungen des Yin Yoga sogar unser Fasziengewebe erreichen, das sich wie eine Hülle um jedes Organ, jeden Knochen, jeden Muskel und sogar um jeden Nerv legt. Nach dem Wissen der Meridiantheorie findet sich vor allem im sehr feuchten Fasziengewebe ein hochempfindliches Energieleitsystem wieder.

Aus diesem Grund könnte man schlussfolgern, dass das Yin Yoga eine ähnliche Wirkung wie die Akupressurbehandlung hat. Bestimmte Haltungen des Yin Yoga wirken, je nach Verlauf der Meridiane, besonders stark auf bestimme Organsysteme. Dadurch gelingt es uns, unseren individuellen Schwerpunkt bei der Yoga-Praxis zu setzen. Dadurch, dass jedoch alles mit allem verbunden ist, findet zwangsläufig immer auch eine harmonisierende Wirkung auf einer ganzheitlichen Ebene statt.

Sie können jedes der nachfolgenden Asanas des Yin-Yogas an Ihren Körper sowie an Ihre individuellen Bedürfnisse und Präferenzen anpassen. Hierfür können Sie so viele Hilfsmittel verwenden, wie Sie benötigten. Besonders gut eignen sich flache Kissen und/oder Decken.

Asana: Drache

Der Drache ist eine klassische Haltung des Yin Yogas, die normalerweise für etwa drei bis fünf Minuten lang gehalten wird. Das Asana stellt ein Tor zur Schattenwelt der eigenen Psyche dar, wo eher schwere Emotionen warten. Es hilft uns, tiefe Anspannungen sowie Ängste aufzulösen und einen inneren Ausgleich zu finden.

Dafür kommen Sie zu Beginn der Übung in einen Vierfüßlerstand und positionieren einen beliebigen Fuß vorne zwischen Ihren beiden Händen. Ihr hinteres Knie heben Sie nun etwas an, bringen es ein kleines Stück weiter nach hinten und legen anschließend Ihren Fußspann bequem auf dem Boden ab. Legen Sie Ihre Hände auf Ihren Knien ab und richten Sie sich auf. Ihr Becken fließt dabei so weit nach vorne und unten, bis Sie in der vorderen Seite Ihres hinteren Oberschenkels eine leichte Stimulation spüren können. Anschließend können Sie sich über den Druck Ihrer Hände langsam aufrichten und Ihren Fokus auf Ihren Hüftbeuger richten. In dieser Haltung verweilen Sie nun für etwa drei Minuten. Versuchen Sie dabei, mit jedem Atemzug weiter in diese entspannte Haltung zu sinken. Zum Schluss bringen Sie Ihre Hände langsam zum Boden sowie Ihren vorderen Fuß wieder in die Ausgangsposition. Wenn Sie so weit sind, wechseln Sie die Seite.

Tipp: Gerne können Sie ein dünnes Kissen oder ein Handtuch als Hilfsmittel dazu nehmen und unter Ihr Knie legen, um den Druck auf Ihrem Knie zu reduzieren und leichter entspannen zu können.
Asana für Harnblasen- und Nierenmeridian

Asana: Sphinx

Das Sphinx-Asana hat eine befreiende sowie öffnende Wirkung, wodurch es Mut zu weitaus höheren Idealen spendet. Zudem befreit das Asana von Ängsten und spendet stattdessen Selbstvertrauen. Auf körperlicher Ebene dehnt es die gesamte vordere Seite des Körpers und kräftigt sowohl Rücken als auch Gesäß.

Kommen Sie zu Beginn der Übung in Bauchlage und positionieren Sie Ihre Ellbogen unterhalb Ihrer Schultern. Ihre Unterarme sind dabei auf dem Boden nach vorne ausgerichtet. Schließen Sie Ihre Beine und schieben Sie Ihr Schambein in den Boden. Anschließend richten Sie Ihren Oberkörper mit der nächsten Einatmung langsam und kontrolliert auf und halten diese Position für einige Atemzüge. Mit dem nächsten Ausatmen legen Sie Ihren Oberkörper nun wieder langsam ab und entspannen in der Bauchlage.

Asana: Königstaube

Das Asana der Königstaube fördert nicht nur unsere persönliche Stärke, sondern auch unsere Hingabe. Auf körperlicher Ebene sorgt dieses Asana für eine Öffnung unserer Hüften und unseres Brustbereiches und legt damit den Schwerpunkt auf die Bereiche unseres Körpers, in denen wir oftmals unser Gefühle speichern.

Kommen Sie zu Beginn der Ausführung in einen Vierfüßlerstand und bringen anschließend Ihr rechtes Knie nach vorne. Angewinkelt legen Sie Ihr Bein ab und strecken parallel dazu Ihr linkes Bein nach hinten aus. Ihren rechten Fuß dürfen Sie dabei gerne nahe neben Ihrer Hüfte platzieren oder ihn nach vorne bringen, sodass sich Ihr Schienbein parallel zur Stirnseite des Bodens befindet. Sie sollten unbedingt darauf achten, dass die Ausrichtung Ihrer Hüften gerade ist und keiner Ihrer Hüftknochen nach vorne oder nach hinten geht. Sollte Ihre Hüfte in der Luft schweben, können Sie sich einfach ein Kissen unterlegen.

Nun stützen Sie sich mit Ihrer rechten Hand ab und umgreifen anschließend Ihren hinteren Fuß mit Ihrer linken Hand, wobei Sie Ihr linkes Bein dafür anwinkeln. Wenn Sie weitergehen wollen, können Sie Ihren linken Fuß in Ihre Armbeuge bringen. Anschließend heben Sie Ihre rechte Hand vom Boden ab und umgreifen über Ihrem Kopf Ihre linke Hand. Möchten Sie noch tiefer in die Dehnung gehen, können Sie außerdem Ihren hinteren Fuß mit beiden Händen umfassen und Ihn zu Ihrem Kopf führen. Während des Haltens sollten Sie die Öffnung sowohl in der Hüfte als auch in der Brust genießen. Nach etwa drei Minuten kommen Sie dann langsam und konzentriert in die ursprüngliche Position zurück und wechseln die Seite.

Asana: schmelzendes Herz

Die sanfte Rückenbeuge nimmt direkten Einfluss auf die Intensität der Öffnung des Herzens und regt dabei nicht nur die Durchblutung an, sondern öffnet auch den Schultergürtel, die Hüfte und weitet die Brust. Auf emotionaler Ebene beruhigt das Asana den Geist, baut Stress ab und hebt die Stimmung.

Starten Sie erneut im Vierfüßlerstand und wandern anschließend rund eine Unterarmlänge mit Ihren Händen nach vorne. Mit dem nächsten Ausatmen ziehen Sie Ihr Becken zurück über Ihre Knie und senken währenddessen Ihren Oberkörper ab, wobei Ihr Herz zum Boden sinkt. Ihr Kinn bzw. Ihre Stirn können Sie einfach ablegen, wobei Ihre Ellbogen den Boden jedoch nicht berühren. Mit jeder neuen Ausatmung drücken Sie Ihre Hände ein Stück weiter in den Boden und schieben Ihr Herz etwas näher in die Richtung des Bodens. Ihren Brustkorb bringen Sie so weit nach unten wie möglich. Sie sollten jedoch darauf achten, dass Ihr Gesäß parallel zu Ihren Knien bleibt. Nun atmen Sie tief ein und halten diese Position für etwa drei Minuten. Anschließend bringen Sie Ihr Gesäß langsam und kontrolliert auf Ihre Fersen und lösen das Asana auf.

Das Leben im stetigen Fluss des Wandels

Das Leben unterliegt einem stetigen Wandel, einem sich ewig wiederholenden Zyklus von Werden, Entwicklung/Wachstum und Vergehen. Dieser „Fluss des Lebens" erstreckt sich über sämtliche Ebenen und betrifft nicht nur Lebewesen, sondern auch alles Unbelebte, zum Beispiel Galaxien, Sterne und Planeten. Damit sind wir wieder beim Analogieprinzip angekommen: wie oben, so unten, wie innen, so außen, wie im Großen, so im Kleinen. Zur Erinnerung: Beim Analogieprinzip, auch Resonanzprinzip, handelt es sich um eines der hermetischen Gesetze, die auch als kosmische Gesetze bezeichnet werden. Der stete Fluss, dem das Leben, oder in diesem Zusammenhang eher die Existenz selbst, unterliegt, beschreibt ein weiteres dieser Gesetze: Das Prinzip von Rhythmus und Kreislauf, welches wiederum auf dem Prinzip der Polarität beruht oder, anders gesagt, aus diesem notwendigerweise hervorgeht.

Da die gesamte Existenz polar ist, existieren auch dynamische Energieflüsse zwischen diesen Polaritäten. Die Energie fließt fortlaufend von einem Pol zum anderen und wieder zurück, wie ein hin und her schwingendes Pendel. Dieses Prinzip finden wir überall wieder:

das Werden und Vergehen von Galaxien, Sternen und Planeten, Geburt und Tod, Ebbe und Flut, Ein- und Ausatmen und der Wechsel der Jahreszeiten. Stillstand existiert nicht.

Alles innerhalb der Existenz unterliegt diesen Prinzipien, sowohl der Polarität als auch dem Rhythmus, jedoch nicht nur auf der physischen Ebene. Gemäß dem Analogie- oder Resonanzprinzip müssen sich die gleichen Prinzipien auch auf der psychischen Ebene von Lebewesen wiederfinden, also zum Beispiel in der Psyche des Menschen. Wir haben dies bereits ausführlich besprochen im Zusammenhang mit dem Prinzip der Polarität, nun geht es um das Prinzip des Rhythmus und die Art und Weise, wie es sich auf psychischer Ebene zum Ausdruck bringt. Im Grunde zeigt sich dieses Prinzip zum ersten Mal bereits im Individuationsprozess, im Streben des Ichs zur Wiedervereinigung mit dem Selbst. Das ist Bewegung, Wachstum, Wandel und dieser Wandel passt sich den von außen gegebenen Umständen an. Denn unser Leben besteht zu einem Großteil daraus, sich an äußere Umstände anzupassen, die sich ebenfalls ständig verändern. So durchlaufen wir in einem sich ewig wiederholenden Zyklus bestimmte Phasen der Seele. Diese Phasen sind geprägt durch bestimmte, emotionale Zustände und Lernaufgaben und lassen sich am ehesten mit den Jahreszeiten vergleichen.

So wie die Jahreszeiten innerhalb der Natur einem bestimmten Zweck unterliegen, jede ihr eigenes Ziel hat und jede mit einer eigenen Stimmung verbunden ist, prägen auch die inneren, psychischen Jahreszeiten unser Leben und unser Wachstum. Deshalb kann es von großem Nutzen sein, sich dieser eigenen, inneren Jahreszeiten bewusst zu werden. Besonders dann, wenn wir das Gefühl haben, in unserem Leben festzustecken, einfach nicht weiterzukommen und gegen ständige Widerstände anzurennen, kann sich der Grund dafür in den seelischen Jahreszeiten finden. Manchmal befinden wir uns dann vielleicht im seelischen Winter, in dem es nicht darum geht, voranzugehen, und werden deshalb ausgebremst. Manchmal sind auch die Ziele, die wir uns gesteckt haben, nicht kompatibel mit der seelischen Jahreszeit, in der wir uns gerade befinden. Durch eine bewusste Innenschau und Erkundung der eigenen seelischen Jahreszeit kann es uns gelingen, zu erkennen, warum wir auf Widerstand stoßen oder Stillstand erleben. So wird uns aufgezeigt, in welche Richtung wir gerade gehen sollten, entgegen zu dem, wo unser Ego vielleicht gerade hinwill. Dadurch lassen sich Widerstände auflösen, Stillstand überwinden und aktuelle Entwicklungsziele erkennen.

Betrachten wir also zunächst einmal die einzelnen, seelischen Jahreszeiten mit ihren individuellen Merkmalen, damit jeder für sich erkennen kann, in welcher Jahreszeit er sich gerade befindet. Dabei sollte noch betont werden, dass diese inneren Jahreszeiten nicht mit den äußeren übereinstimmen müssen! Da sie durch unseren individuellen Entwicklungsprozess geprägt werden, ist es durchaus möglich, sich in einem seelischen Sommer zu befinden, während in der Natur gerade Winter herrscht. Auch die Länge dieser inneren Jahreszeiten kann stark von der Länge in der Natur abweichen, so kann man auch mehrere Jahre in ein und derselben seelischen Jahreszeit verweilen. Dies geschieht besonders dann, wenn die Anforderungen dieser Phase nicht erkannt werden und der Mensch einen inneren Widerstand dagegen aufbaut. Die Reihenfolge, in der wir diese Zyklen durchlaufen, gleicht sich jedoch mit der auf der physischen Ebene. Das bedeutet, auf Frühling folgen immer Sommer, Herbst und Winter – wie in der Natur, so in der Seele.

FRÜHLING DER SEELE

Der seelische Frühling ist eine Zeit des Aufbruchs und der Neuanfänge. Emotionen, die vorher wie eingefroren waren, beginnen nun langsam wieder, an die Oberfläche zu treten und zu fließen. Je nachdem, wie lange der vorhergehende Winter andauerte, kann dies auch Gefühle der Angst hervorrufen, denn wer lange in einer tiefen emotionalen Starre verharrte, muss nun erst wieder lernen, mit dem Fluss der Emotionen umzugehen, und sich daran gewöhnen. Da der Frühling jedoch Erwachen bedeutet und ein schnelles Wachstum erfordert, kommt mit der möglichen Angst auch eine große Portion Mut und vor allem Neugier und Tatendrang. Man fühlt sich bereit für alles, was einem begegnen könnte, und empfindet ein unstillbares Bedürfnis, zu neuen Ufern aufzubrechen. Dies kann sich ausdrücken durch neue Ideen und neue Ziele, die plötzlich im eigenen Geist auftauchen. Es ist eine Zeit der Inspiration und des Empfangens, was die weibliche Energie des Frühlings repräsentiert.

Jedoch existiert innerhalb der Existenz nichts, was nicht der Polarität unterliegt, somit hat der Frühling auch männliche Energien. So erfindet unser Geist nicht nur neue Ziele, sondern erkennt auch Wege, diese zu erreichen, und ist flexibel genug, aufkommenden Schwierigkeiten angemessen zu begegnen. Analog kann man dies gleichsetzen mit den Vorgängen in der Natur, denn im Frühling wird die Saat ausgebracht (neue Ideen und Ziele), diese keimt und wächst entgegen aller möglichen Widrigkeiten, zum Beispiel Rückfall in Frost, zu viel oder zu wenig Regen etc. Dieser Drang der Saat, um jeden Preis zu wachsen, ist wie der Drang unserer Seele, sich in Richtung ihrer neuen Ziele zu entfalten.

Neben dem Entstehen neuer Ideen und Ziele sowie dem inneren Drang nach Wachstum und Bewegung ist der seelische Frühling noch von weiteren Emotionen geprägt. Diese zeichnen sich vor allem aus durch Begeisterungsfähigkeit, Lebensfreude und Liebe. So können neue Ziele häufig auch in Form der Suche nach einem neuen Partner auftauchen, besonders dann, wenn eines unserer Seelenziele das Erleben bedingungsloser Liebe ist. Sexualität steht, wie im natürlichen Frühling, ebenfalls stark im Vordergrund. Der sexuelle Trieb, der auf physischer Ebene dem Arterhaltungstrieb entspringt und deshalb im Frühling besonders verstärkt auftritt, spiegelt sich auf psychischer Ebene wider durch einen starken Schöpferdrang, man will Neues erschaffen. Kreativität erwacht und will sich auf vielfältige Weise ausdrücken, findet diese Energie jedoch kein geeignetes Ziel, kanalisiert sie sich durch den Sexualtrieb.

Dies ist ein besonders wichtiges Merkmal für den seelischen Frühling, denn erfährt man innerhalb dieser inneren Phase einen ungewöhnlich verstärkten Sexualtrieb, statt kreative Prozesse zu erleben, ist dies ein deutlicher Hinweis darauf, dass die inneren Energien umgelenkt werden sollten. Entweder mangelt es hier an persönlichen Zielen oder diesen wird nicht ausreichend Aufmerksamkeit gewidmet. Ein Mangel an Zielen würde vor allem bedeuten, dass man nicht über ausreichend weibliche Energie verfügt, denn für Ziele benötigt es Inspiration – ein weibliches Attribut. Hier kann es helfen, sich die Zeit für ein ausführliches Brainstorming zu nehmen, bei dem man vielleicht auch enge Vertraute mit ins Boot holt. Die Fragestellungen für dieses Brainstorming sollten wie folgt lauten:

- Was missfällt mir an meiner jetzigen Situation?
- Was könnte besser sein?
- Was wollte ich schon immer einmal tun/ausprobieren?
- An welchen Fähigkeiten mangelt es mir, deren Erlernen mir von Nutzen wäre?
- Wie kann ich meine momentan vorhandene, überschüssige Energie so nutzen, dass ich langfristig etwas davon habe?
- Existieren in mir Charaktereigenschaften, die mir oder anderen Probleme bereiten und an denen ich arbeiten könnte?
- Welche meiner Wünsche sind noch unerfüllt?

Ziele können vielfältiger Natur sein. Es kann sich dabei um Ziele der Persönlichkeitsentwicklung handeln, um private oder berufliche Projekte oder um die Erfüllung eigener Wünsche. Im seelischen Frühling geht es nicht so sehr darum, welcher Art die angestrebten Ziele entspringen, sondern vielmehr darum, sich inspirieren zu lassen und somit zu lernen, Zugang zur eigenen Intuition zu finden.

Geschieht dies nicht, bleibt die Seele in diesem Entwicklungsprozess stecken. Auch wenn es grundsätzlich nicht falsch ist, die Triebenergie des seelischen Frühlings auch auf sexuelle Weise zu leben, muss sie letzten Endes jedoch in die inneren Wachstumsprozesse geleitet werden, für die sie gedacht ist.

SOMMER DER SEELE

Der seelische Sommer ist vor allem geprägt von Reifeprozessen. Wünsche, Ideen und Ziele wurden im Frühling auf den Weg gebracht und sind nun im Prozess der Entwicklung. Dafür benötigen sie beständige Aufmerksamkeit und erhöhte Wachsamkeit. Jetzt ist nicht die Zeit, weitere neue Projekte zu starten oder sich neuen Wünschen und Ideen hinzugeben, die sich nicht bereits im Prozess der Entstehung befinden. Hier besteht die Gefahr, sich zu verzetteln, denn anteilig ist die Frühlingsenergie noch spürbar. Die Tatkraft und der Drang, Dinge in Bewegung zu bringen, werden vom Frühling in den Sommer hineingetragen, denn diese männlichen Eigenschaften werden weiterhin benötigt. Wir brauchen sie, um den Reifeprozess, der nun stattfindet, in Gang zu halten und weiter voranzutreiben. Manchmal kann es jedoch passieren, dass erhöhte Schwierigkeiten dabei auftreten. Diese können uns dann dazu verleiten, von unseren bereits begonnenen Projekten abzulassen und uns stattdessen neuen hinzugeben. Wenn dies geschieht, befinden wir uns nicht mehr im Einklang mit unserer seelischen Jahreszeit, es ist, als hätten wir einen Schritt zurück gemacht, was im Leben und in der Entwicklung nun einmal nicht möglich ist.

Wenn wir bemerken, dass es uns zu schwierig wird, und wir plötzlich neue Ideen haben, die wir lieber verfolgen möchten, ist dies ein sicheres Zeichen dafür, kurz innezuhalten. Jetzt gilt es zunächst, sich Zeit zu nehmen für eine realistische Einschätzung unserer Projekte, dahin gehend, an welchem Punkt sie stehen und ob wir nicht doch noch mehr herausholen könnten. Es lohnt sich, dies schriftlich festzuhalten, zum Beispiel in Form einer Pro- und Contra-Liste. So könnte man auf der Pro-Seite eintragen, in welchen Punkten das Projekt bereits erfolgreich war, und auf der Contra-Seite, welche Teilziele noch nicht erreicht wurden. Im nächsten Schritt werden dann die Schwierigkeiten und Probleme festgehalten, die ein weiteres Vorankommen erschweren und uns zum verfrühten Aufgeben verleiten.

Allein durch das detaillierte Aufschreiben der Probleme kommen meist bereits erste Ideen, wie diese lösbar sein könnten oder wen man um Hilfe bitten könnte. Sollte dies nicht sofort passieren, kann man immer noch Personen des Vertrauens um Hilfe bei der Problemanalyse bitten, denn vier Augen sehen mehr als zwei. Zu guter Letzt sollte an dieser Stelle auch der Kosten-Nutzen-Faktor abgewogen werden, also ob sich der Aufwand einer weiteren Verfolgung des Ziels tatsächlich lohnt.

Manchmal kommt dabei nämlich heraus, dass es sinnvoller wäre, sich mit dem Erreichen von Teilzielen zufriedenzugeben. Wenn wir weit mehr Energie investieren müssen, als wir Gewinn am Erreichen eines Ziels haben, sollte dies als natürliches Stoppschild betrachtet werden. In einem solchen Fall wäre es in Ordnung, sich mit Teilerfolgen zu begnügen, denn nicht alle Ziele lassen sich innerhalb einer zyklischen Phase erreichen, manchmal fehlen uns dafür noch Eigenschaften, die wir erst entwickeln müssen. Manche Ziele benötigen vielleicht viele Jahre oder gar ein ganzes Leben für die vollständige Umsetzung. Stellt man jedoch fest, dass ein angestrebtes Ziel noch zu erreichen wäre und es lediglich Flexibilität und eine letzte Anstrengung dafür benötigt, bleibt immer noch die Frage: Was tun mit den neuen Ideen, denen man sich jetzt eigentlich lieber widmen würde?

Im Grunde sollte man diese auf keinen Fall verwerfen, sondern sie eher als Geschenk betrachten. Der nächste Frühling kommt bestimmt und aufgeschoben ist nicht aufgehoben! Dafür kann man ein „Ideen-Buch" anlegen, in welches man die Ideen einträgt. So hat man die Chance, keine wirklich guten Einfälle mehr zu vergessen, weil es gerade an der Zeit zur Umsetzung fehlt. Kommt man dann wieder einmal in einen erneuten seelischen Frühling und hat Probleme, geeignete Ziele zur Umsetzung zu finden, hat man in diesem Ideen-Buch ein großartiges Inspirationspotenzial. Darüber hinaus fördert das konsequente Führen eines solchen Buches auch aktiv die Kreativität. Denn indem man jede Idee dort hineinschreibt, trainiert man seinen Geist förmlich, immer neue Ideen zu produzieren. Immerhin signalisiert man seinem Gehirn auf diese Weise deutlich, dass diese wichtig und erwünscht sind.

Statt dem plötzlichen Drang, sich neuen Projekten zu widmen, kann es auch dazu kommen, dass wir die notwendigen Prozesse der Reife zu überspringen versuchen. In diesem Fall würden wir nicht mehr ausreichend Energie in die begonnenen Projekte stecken und uns stattdessen auf unseren Teilerfolgen ausruhen. Deshalb sollte vor der bewussten Entscheidung, ein Projekt abzuschließen, immer eine kritische Prüfung erfolgen, wie ich sie eben beschrieben habe. Ein zu frühes Aufgeben würde dazu führen, dass unser innerer Sommer zu früh endet und uns in einen trostlosen Herbst führt, der schnell in den seelischen Winter münden würde. Diese möglichen Fehler, die innerhalb des seelischen Sommers gemacht werden können, sind jedoch vermeidbar, denn wenn der Sommer eines reichlich bietet, dann ist es Energie. Sommer ist die Zeit der Fülle und des Überflusses. Was auch immer wir benötigen, ist jederzeit vorhanden. Sollte es innerhalb dieser Periode also scheinbar an Energie mangeln, ist dies ein deutlicher Hinweis darauf, dass wir diese falsch einsetzen. Der seelische Sommer fordert uns also nicht nur auf, am Ball zu bleiben und weiterzuwachsen, sondern auch zu lernen, unsere Energien sinnvoll und zielgerichtet einzusetzen und mit ihnen zu haushalten.

Emotional herrschen in dieser Periode Gefühle von Zufriedenheit, Erfüllung und Glück vor, welche die weiblichen Eigenschaften des Sommers betonen. Auf der Seite der männlichen Energie besteht immer noch ein großer Tatendrang, wir fühlen uns stark und energiegeladen. Befinden wir uns auf dem richtigen Weg und widmen uns der Erfüllung unserer angestrebten Ziele, erfahren wir das Gefühl des Flow-Zustands, des Lebens im Fluss. Die richtigen Dinge geschehen zur rechten Zeit, wir bekommen Hilfe von außen, wenn wir sie benötigen. Gefühle der Verbundenheit mit anderen stehen so im Sommer ebenfalls stark im Vordergrund.

HERBST DER SEELE

Herbst ist Erntezeit, nicht nur in der Natur, sondern auch in der Seele. Befinden wir uns im seelischen Herbst, sind wir bereit, unsere Projekte abzuschließen und unsere Ziele zu erreichen. Wir müssen nun noch einmal unsere gesamte Konzentration und Energie auf das lenken, was wir im Frühling begonnen und im Sommer vorangetrieben haben. Im übertragenen Sinne gilt es nun, den richtigen Zeitpunkt zur Ernte zu erkennen und dann in aller Entschlossenheit zu handeln. Deshalb breitet sich während dieser seelischen Periode Unruhe in uns aus. Gleichzeitig kommt auch eine gewisse Müdigkeit auf, die nicht (nur) im körperlichen Sinne zu verstehen ist.

Unsere Projekte voranzutreiben hat viel Energie gekostet, wir wollen nun endlich die Früchte unseres Erfolgs genießen und uns ausruhen. Diesem Gefühl dürfen wir jedoch nicht zu früh nachgeben, um nicht zu verderben, worin wir so viel Zeit und Energie gesteckt haben. Es gilt nun noch ein weiteres Mal, sich zu sammeln und alle noch verfügbare Energie in die Ernte zu stecken. Bringen wir die Dinge, die wir begonnen haben, erfolgreich zu Ende und erfreuen uns erst dann an unserem Erfolg, wenn die metaphorische Ernte sicher in der metaphorischen Scheune lagert.

Somit ist der Herbst eine sehr zwiespältige Zeit, in der Natur zeigt sich das vor allem durch die wundervollen Farben der Bäume, die sich auf die Winterruhe vorbereiten. Denn genießen können wir diese Farben nur, wenn der Herbst sein schönstes Gesicht zeigt und die Sonne noch scheint. Kommen Regen, Stürme und Nebel auf, verschwimmen diese Farben zu einem einheitlichen, matschigen Grau und alles wirkt trüb. Genau wie in der Natur findet sich diese Zwiespältigkeit auch in unserer Seele wieder. Einige Ziele konnten wir vielleicht nicht erreichen oder zumindest nicht in vollem Ausmaß. Manchmal treten auch kurz vor dem Erreichen eines Ziels noch einmal verstärkte Schwierigkeiten auf, die alles gefährden. Hier hilft eine erneute Überprüfung des

Ist-Zustandes, wie ich sie bereits im Kapitel über den Sommer beschrieben habe. Zusätzlich sollte man dann noch in sich schauen, um festzustellen, ob man sich noch im seelischen Sommer oder tatsächlich bereits im Herbst befindet. Dies lässt sich vor allem anhand der noch zur Verfügung stehenden Energie feststellen.

Für eine abschließende Entscheidung kann es sehr von Nutzen sein, einer vertrauten Person die Situation offenzulegen und sich so eine zweite Meinung einzuholen.

Außenstehende Personen können solche Situationen neutraler einschätzen und uns auch besser motivieren, noch etwas durchzuhalten, sollte ein Erfolg noch möglich sein. Auch wenn der seelische Herbst metaphorische Stürme mit sich bringt, die eigene Energie fast erschöpft ist, kann sich Durchhalten sehr lohnen. Denn selbst, wenn das eine oder andere Ziel tatsächlich noch scheitern sollte, werden nicht all unsere Bemühungen fruchtlos bleiben. Schöne Momente der Erfüllung, Momente, in denen die Sonne scheint und die Farben des Herbstes leuchten, werden uns auf jeden Fall zuteil. Auf diese sollte die gesamte Konzentration gelenkt werden, denn ein Bedauern gescheiterter Projekte oder nicht vollständig erreichter Ziele wäre vollkommen kontraproduktiv. In einem solchen Fall ist es weit sinnvoller, auch dies als Chance zu betrachten. So kann eine Analyse der Gründe für das Scheitern uns dabei helfen, die gleichen Fehler nicht noch einmal zu wiederholen. Für eine solche Fehleranalyse sollte man sich die folgenden Fragen stellen und bei deren Beantwortung ehrlich und selbstkritisch vorgehen:

- An welchen Stellen habe ich weniger Energie investiert, als ich gekonnt hätte? Wo war ich nachlässig?

- Wenn andere Personen an der Umsetzung des Ziels beteiligt waren: Waren diese wirklich für ihre Aufgabe geeignet oder mangelte es hier an Wissen, Fähigkeiten oder gar an Motivation? Hätte ich diese Personen besser einweisen oder motivieren können und wenn ja, wie?

- Habe ich konkrete Fehler gemacht, die ich bereits erkannt habe? Wenn ja, wie hätten diese vermieden werden können bzw. wie könnte ich es das nächste Mal besser machen?
- Welche Probleme im Prozess haben dazu geführt, dass dieser entweder ins Stocken kam oder dass weitere Probleme entstanden sind? Hätte man bereits anstelle des ersten Problems eingreifen und so eine Verschlimmerung vermeiden können und wenn ja, wie?
- Gab es äußere Umstände, die dafür gesorgt haben, dass etwas nicht wie geplant funktionieren konnte? Hätte man dies voraussehen und mit einem Plan B umgehen können? Hätte man flexibler reagieren können und wenn ja, wie?

Lautet die Antwort auf all diese Fragen ganz klar Nein, kann man die Fehleranalyse abschließen. In diesem Fall hat man getan, was immer man konnte, und es bleibt nichts anderes übrig, als das Ergebnis zu akzeptieren, was einer pragmatischen Art des Loslassens gleichkommt.

Alles, was wir nicht erreichen konnten, kann so die Chance für einen neuen Versuch im nächsten Frühling bekommen. Dafür sollte man gescheiterte Projekte sowie die Fehleranalyse ebenfalls im Ideen-Buch schriftlich festhalten. Auf diese Art verliert man auch die Angst vor dem Scheitern selbst, da man nun einen tatsächlichen Nutzen daraus ziehen kann. Versagen ist menschlich und jeder Mensch wird diese Erfahrung mehrfach in seinem Leben machen. Entscheidend ist lediglich der Umgang damit, nutzt man das Scheitern, um zu lernen und daran zu wachsen, oder gibt man sich lediglich den damit verbundenen, negativen Gefühlen hin und lernt somit nichts daraus?

Die Lernaufgabe dieser seelischen Jahreszeit liegt somit vor allem darin, eine realistische Einschätzungsgabe zu entwickeln, um den richtigen Zeitpunkt zum Handeln zu finden. Auch unsere Entschlossenheit und Zielstrebigkeit können wir in dieser Phase besonders gut schulen, denn sie werden regelmäßig herausgefordert. Immerhin breitet sich bereits im Herbst eine gewisse Erschöpfung aus, der es noch standzuhalten gilt.

WINTER DER SEELE

Der Winter ist nicht nur in der Natur eine Jahreszeit, welche von den meisten Menschen gefürchtet und am liebsten gemieden wird. Er erscheint lebensfeindlich, kalt und trostlos und kann sich auch als seelische Jahreszeit genauso anfühlen. Dies geschieht jedoch nur dann, wenn wir uns im Widerstand gegen diese innere Phase befinden, denn der eigentliche Sinn des Winters ist nicht so trostlos, wie er erscheinen mag. Natürlich ist der Winter ein Symbol für den Tod, so, wie der Frühling die Geburt symbolisiert, der Sommer die Zeit der Reife und der Herbst die Vorbereitung auf das Sterben. Man muss dies jedoch im übertragenen Sinne betrachten, denn jeder Mensch durchläuft die seelischen Jahreszeiten nicht nur einmal, sondern unzählige Male. Wie in der Natur spiegeln sich hier lediglich die universalen Zyklen in uns wider. So ist jedes symbolische Sterben in der Phase des Winters verbunden mit einer seelischen Wiedergeburt. Wir haben im Frühling neue Ideen, Ziele und Projekte auf den Weg gebracht, diese über den Sommer so gut wir konnten vorangetrieben und im Herbst die Ernte eingefahren. Dadurch sind wir gewachsen, haben Neues gelernt, sind selbst reifer geworden und damit sind wir nicht mehr der Mensch, der wir vorher waren.

Deshalb brauchen wir den seelischen Winter als eine Phase des Ausruhens und der Reflexion. Wir müssen nun verinnerlichen, was wir gelernt haben, und herausfinden, was das aus uns macht. Fehler, die wir möglicherweise gemacht haben, müssen prozessiert und ausgewertet werden, damit wir effektiv daraus lernen können.

Auf diese Weise formt sich über die Zeit des seelischen Winters der Keim für ein neues, stärkeres, weiseres und reiferes Ich, welches im erneuten Frühling geboren werden will. Genauso wie in der Natur die Samen für das nächste Jahr unter dem Schnee in der Erde ruhen und auf ihre Gelegenheit zum Keimen warten, bereitet sich die Seele nun auf ihre Neugeburt vor. Deshalb sollten wir keine Angst vor dieser inneren Jahreszeit haben, auch wenn wir nicht immer verstehen oder erkennen können, was da in uns wächst und wozu wir dadurch werden.

Herrschen innerhalb dieser Periode Gefühle der Depression, Schwermut und Angst in uns vor, zeigt uns dies unseren eigenen, inneren Widerstand dagegen, eine Phase der Reife abzuschließen. Wir müssen nun lernen, loszulassen und darauf zu vertrauen, dass unsere Entwicklung zum Guten hinführen wird und wir innerhalb dieser Prozesse gewachsen sind. Fällt uns dies schwer, können wir zurückgreifen auf die Fehleranalyse, die ich bereits im Kapitel über den Herbst beschrieben habe. Sollte diese noch nicht existieren, ist nun der beste Zeitpunkt dafür. Auf diese Art gewinnt man Klarheit über den gesamten zurückliegenden Zyklus, sowohl über die Erfolge als auch über die Misserfolge. Auch wenn sich dabei herausstellt, dass man einiges besser hätte umsetzen können, muss man dies weder als Verlust noch als Scheitern werten. Allein die Erkenntnis der aufgetretenen Fehler sorgt schließlich dafür, dass diese nicht wiederholt werden, somit steckt auch im Scheitern noch ein Gewinn.

Es gibt nun nichts mehr zu tun, wir müssen die Kontrolle abgeben und das kann Angst machen, dies ist die eigentliche Herausforderung des seelischen Winters. Dabei sollte man sich bewusst machen, dass ein Zurückgehen unmöglich ist und im Grunde auch vollkommen unnötig. Der seelische Winter bedeutet schließlich nur ein metaphorisches Sterben, somit kommt der nächste Frühling bereits auf einen zu. Mit diesem Frühling kommt dann auch die Chance, Dinge, die wir bereuen, noch einmal anzugehen, in dem Versuch, sie dieses Mal besser zu machen. Im Hier und Jetzt stehen die seelischen Prozesse im Vordergrund, die Konfrontation mit dem eigenen Schatten und manchmal auch der Kampf gegen innere Dämonen. Sobald wir akzeptieren, dass unser seelischer Zyklus nun zu Ende geht, wird dieser Prozess automatisch starten. Denn durch die Analyse unserer Fehler kommen wir auf jeden Fall auch mit Dingen in Berührung, die wir bisher verdrängt haben, weil sie uns Angst machen oder wir nicht wissen, wie wir damit umgehen sollen.

Nun gilt es nur noch, die Aufmerksamkeit nach innen zu richten, dafür benötigt es die bewusste Entscheidung, hinzusehen und sich den eigenen Schwächen, Charakterfehlern oder Ängsten zu stellen. Dabei ist es nicht notwendig, diesen Schritt vollkommen allein zu bewältigen. Wenn wir nicht weiterkommen oder von diesen Dingen überwältigt werden, können wir uns Hilfe suchen. Diese kann in Form von guten Freunden, Familienmitgliedern oder manchmal auch eines Psychologen dafür sorgen, dass wir innerlich bewältigen können, was uns vom nächsten Frühling noch trennt. Dabei sollten wir aber immer unsere Erfolge und unser dadurch erreichtes inneres Wachstum auf die andere Seite der Waagschale legen. So haben wir auch vor Augen, dass nicht alles negativ war, auch wenn es sich in dieser Phase manchmal so anfühlen mag. Wem dies gelingt, der wird mit innerem Frieden, Ausgeglichenheit und Zufriedenheit belohnt. So kann diese Periode auch zu einer Phase des Genusses werden, indem wir uns auf das konzentrieren, was wir erreicht haben, in dem sicheren Wissen, dass der Frühling schon bald erneut vor der Tür steht.

PHYSISCHE ENTWICKLUNGSPHASEN DES MENSCHEN AUF EBENE DER PSYCHE

Neben den periodisch wiederkehrenden Jahreszeiten, die unsere Psyche analog zur Natur durchläuft, existieren noch weitere Entwicklungsprozesse. Diese sind uns gegeben durch die Entwicklungsstadien unseres Körpers und dessen Reifeprozess, dem des Alterns. So lässt sich das menschliche Dasein in sechs Lebensphasen einteilen, die sich von ihrer Grundenergie her den seelischen Jahreszeiten zuordnen lassen. Diese Tatsache kann es unter Umständen schwierig machen, zu erkennen, in welcher seelischen Jahreszeit wir uns gerade befinden. Denn diese Grundenergie unserer aktuellen Lebensphase hat ebenfalls eine jahreszeitliche Energie. Bevor wir uns damit befassen, wie sich nun eine sichere Unterscheidung treffen lässt, möchte ich die sechs Lebensphasen, ihre Energien, Lernaufgaben und Herausforderungen hier kurz vorstellen.

Dazu möchte ich vorab klarstellen, dass sich Altersangaben hier nur pauschal treffen lassen. Wann eine Phase beginnt und wann sie endet, ist sehr individuell und hängt vor allem davon ab, welche Lebensumstände einen Menschen prägen. Schwierige Umstände können Entwicklungsprozesse zum Beispiel beschleunigen, aber auch erheblich verzögern oder sogar vollständig zum Stillstand bringen, wenn sie zu schwierig sind. So gibt es durchaus Menschen, die zwar wie alle körperlich altern, sich jedoch psychisch niemals über das Kindesalter hinaus entwickeln. Erkennen lassen sich diese vor allem an ihrem Verhalten, zum Beispiel an der Unfähigkeit, zu akzeptieren, dass sie ihren Willen nicht bekommen. Auch ausgeprägtes Trotzverhalten, die Neigung zur Manipulation zum Zwecke der Bedürfniserfüllung oder unangemessen starke Abhängigkeit von Bezugspersonen deutet auf ein solches Steckenbleiben im Kindesalter hin. In der Tat ist die Gefahr, in der psychischen Entwicklung steckenzubleiben, innerhalb der Phase der Kindheit und Jugend am größten. Jedoch möchte ich bereits vorab etwas klarstellen: Auch wenn ich im Zuge der einzelnen Phasen immer wieder die Möglichkeit eines dauerhaften Steckenbleibens betonen werde, bedeutet dies nicht zwangsläufig, dass es final sein muss.

Selbst ein Mensch, der in der Phase der Kindheit in seiner psychischen Entwicklung steckenblieb, hat bis zu seinem Tode die Chance, seine Entwicklung doch noch weiter fortzusetzen. Dazu ist jedoch vor allem eines zwingend notwendig: die Bewusstwerdung des vorherrschenden Zustandes.

Hinzu kommt, dass Entwicklung geistige Flexibilität voraussetzt, diese bleibt uns zwar bis zum Tode erhalten, nimmt jedoch mit zunehmendem Alter immer weiter ab. Deshalb wird die Chance, eine zum Stillstand gekommene Entwicklung zu erkennen und diese wieder aufzunehmen, mit zunehmendem Alter immer geringer.

Es existiert darüber hinaus auch noch die Möglichkeit eines teilweisen Steckenbleibens, was in vielen Fällen traumabedingt ist. Zur Verdeutlichung gebe ich hier zunächst die einfachste Definition dieses Begriffes an: Jegliches Erlebnis, welches emotional nicht verarbeitet werden kann, unabhängig davon, wie unbedeutend es für außenstehende Personen erscheinen mag, bezeichnet man als Trauma. Auf physischer Ebene hat dies Konsequenzen, denn die nicht verarbeitete Erfahrung kann vom Gehirn nicht im Bewusstsein abgelegt werden, dazu fehlen notwendige Lösungen der Situation. Da diese Erfahrung das Nervensystem in den Stressmodus versetzt hat und dieser nicht aufgelöst wurde, wird die Erfahrung im limbischen System[15] abgekapselt und sorgt für eine dauerhafte Anspannung im Nervensystem. Jedes Mal, wenn nun äußere Reize – zum Beispiel Gerüche, bestimmte Menschen oder Tiere, bestimmte Situationen sowie alles, was mit dem Trauma zu tun hatte – das nicht verarbeitete Geschehen wieder

[15] **Limbisches System:** Der evolutionär betrachtet ursprünglichste Teil unseres Gehirns, verantwortlich für die Einschätzung von Gefahrensituationen und entsprechende Reaktionen darauf – Auslösung des Stressmodus mit seinen drei Varianten Flight, Fight oder Freeze; emotionales Zentrum

aktivieren, macht die traumatisierte Person emotional das Gleiche durch, wie zu dem Zeitpunkt des tatsächlichen Geschehens.

Dies wird auch als Flashbacks bezeichnet, die keinesfalls immer extrem dramatisch erscheinen müssen. Je nach Schwere des Traums können diese nicht einmal bewusst sein. Sie sorgen jedoch immer für ein wiederholtes Abspulen des gleichen Verhaltens und derselben Emotionen und damit für einen Rückfall in die Zeit des Traumas. Zur besseren Verständlichkeit möchte ich hier das Beispiel eines körperlich erwachsenen Menschen anführen. In seiner Kindheit machte er wiederholt eine Erfahrung, die er nicht verarbeiten konnte: Jedes Mal, wenn er versehentlich etwas beschädigte oder unabsichtlich Fehler beging, reagierten seine Eltern darauf mit großer Wut und vollkommen überzogenen Strafen. Es wurde keine Rücksicht darauf genommen, dass es sich nicht um absichtliche Fehler handelte, und als Kind fehlte ihm die Fähigkeit, die Angemessenheit der Reaktion seiner Eltern einschätzen zu können. Dies führte zu einer völligen Verwirrung des Kindes und konnte somit nie verarbeitet werden. Gleichzeitig lernte er, sich nur durch übertrieben dargestellte Reue vor allzu strengen Maßnahmen seiner Eltern schützen zu können. Macht dieser Mensch heute als Erwachsener Fehler oder beschädigt er etwas unabsichtlich, ist es vollkommen gleichgültig, wie geringfügig und wie verzeih- oder nachvollziehbar der entstandene Schaden sein mag. Seine Reaktion wird immer in übertriebener Reue und in vermutlich kaum nachvollziehbarer Emotionalität ausfallen. Er wird immer wieder beteuern, wie leid es ihm tut und dass er den Fehler nicht absichtlich gemacht hat.

Waren die elterlichen Strafen besonders drastisch und für das Kind bedrohlich, kann es auch zu Weinkrämpfen oder Erstarrung kommen, durch die eine emotionale Reaktion scheinbar völlig ausbleibt. Der Erwachsene wird sich unfähig zeigen, mit seinem Fehler umzugehen, und genauso unfähig sein, tatsächlich die Verantwortung dafür zu übernehmen. Dies ist ein klassischer Fall von jemandem, der teilweise in der kindlichen Entwicklung stecken geblieben ist. Eine Bearbeitung des Traumas mit dafür geeigneten, psychologischen Techniken unter psychologischer Anleitung wird somit zwingend notwendig. Es ist absolut möglich, solche Traumata aufzulösen und die notwendigen Kompetenzen, die dadurch nicht erlangt werden konnten, auch später noch zu erlernen. So können auch schwer traumatisierte Menschen ihren seelischen Entwicklungsprozess vollständig durchlaufen, wenn auch unter enorm erschwerten Bedingungen.

Kindheit

In der Phase der Kindheit ist der Mensch, besonders in den ersten drei Jahren, noch vollkommen hilflos und angewiesen auf die Unterstützung und Versorgung durch die Gemeinschaft. Zustände der Angst und der Bedürftigkeit wechseln sich ab mit dem Gefühl der Verbundenheit, des Vertrauens und der Zufriedenheit. An dieser Stelle besteht das erste große Gefahrenpotenzial, denn werden die Bedürfnisse im Säuglings- und Kleinkindalter nicht ausreichend erfüllt, gerät die psychische Entwicklung ins Stocken. An die Stelle von sich entwickelndem Urvertrauen tritt nun eine Angst, die ihre Wurzeln tief in die Psyche gräbt und das gesamte Leben hindurch weiterwächst, wenn sie nicht irgendwann durch das Bewusstsein erkannt und transformiert wird. Im Falle traumatischer Erfahrungen kann es geschehen, dass die ursprünglich rein kindliche Bedürftigkeit niemals aufgelöst wird. Da kein Urvertrauen entwickelt wird, entsteht ein ewiger Kreislauf der Bedürftigkeit auf der einen Seite und der Überzeugung, dass Bedürfniserfüllung nicht möglich ist, auf der anderen Seite. Eine solche Konstellation kann durchaus dafür sorgen, dass die Phase der Kindheit auf psychischer Ebene bis zum Tode bestehen bleibt. Mangelndes Urvertrauen äußert sich dann vor allem durch Ängste und Phobien, aber auch durch ein übergroßes Bedürfnis danach, Kontrolle auszuüben, wann immer möglich. Besonders Zwänge mit kontrollierendem Charakter sind somit ein deutlicher Hinweis auf mangelndes

Urvertrauen. Aber auch die Eigenschaft, sich im übertriebenen Maße zu sorgen, resultiert aus Störungen in der Phase, in der Urvertrauen entstehen sollte.

Werden die Bedürfnisse des Kindes jedoch weitestgehend erfüllt und die Zustände erlauben eine zumindest ausreichend gesunde Entwicklung, bildet sich zunächst die Eigenschaft des Vertrauens und Urvertrauens heraus. Dieses Urvertrauen ist gezwungenermaßen innerhalb der Kindheit am stärksten ausgeprägt, denn die vielfältigen Herausforderungen des Lernens und psychischen Wachstums erfordern immer wieder großen Mut vom Individuum. Dieser Mut kann auch immer wieder in Selbstüberschätzung ausufern, was ebenfalls wichtig ist, damit das Kind lernen kann, seine Fähigkeiten und die Anforderungen der Außenwelt realistisch einzuschätzen und aus seinen Fehlern zu lernen. Während dieser Zeit beginnt die Psyche, zwiespältige Bedürfnisse zu entwickeln. Zu dem Bedürfnis nach Versorgung und Schutz durch andere gesellt sich das Bedürfnis nach Eigenständigkeit mit dem Ziel der Weiterentwicklung.

Die Phase der Kindheit beginnt mit der Geburt und endet meist im Alter zwischen elf und dreizehn Jahren. Jedoch ist das Ende dieser Phase, wie bereits erwähnt, individuell bedingt und von den äußeren Umständen während des Aufwachsens abhängig. Zuordnen lässt sich diese Phase dem seelischen Frühling, denn sie ist geprägt von Gefühlen der Neugier und des Tatendrangs sowie von einer unbändigen Energie, die Dinge umsetzen möchte. Auch Inspiration in Form von ständigen, neuen Ideen, Wünschen und Zielen gehört zum emotionalen Spektrum dieser Lebensphase. Das bedeutet, ein Kind befindet sich zum Teil immer im seelischen Frühling, gegeben durch seine körperliche Entwicklungsphase. Darüber hinaus findet aber zusätzlich innerhalb der Kindheit bereits ein Wechsel der seelischen Jahreszeiten statt, zum Beispiel, wenn Kinder eigene Projekte beginnen, diese vorantreiben und zum Ziel führen. Seelischer Winter kann somit auch in einem Kind vorherrschen, immer dann, wenn eine solche Zielführungsphase abgeschlossen wird oder wenn die Entwicklung aus irgendeinem Grund zum Stillstand gekommen ist.

In diesem Fall brauchen Kinder die Hilfe ihrer Eltern, um nicht endgültig steckenzubleiben, was im Grunde auch allein durch den natürlichen Zustand des seelischen Winters geschehen kann. Da ein Kind noch nicht verstehen kann, was in ihm vorgeht, müssen die Eltern besonderes Augenmerk auf die emotionalen Zustände ihres Nachwuchses haben und gegebenenfalls regulierend eingreifen. Dazu muss zunächst ermittelt werden, was den seelischen Winter ausgelöst hat, ob es durch eine natürliche Abfolge der seelischen Zyklen geschah oder möglicherweise durch eine traumatische Erfahrung. Im letzteren Fall benötigt das Kind unbedingt psychologische Hilfe bei der Bewältigung des Traumas, um sich gesund weiterentwickeln zu können. Handelt es sich jedoch um einen natürlichen Ablauf, der in den Winter geführt hat, gilt es, gemeinsam mit dem Kind diesen Ablauf zu besprechen. Kinder verstehen selbst komplizierte Zusammenhänge, wenn man sie ihnen einfach erklärt. Da es sich bei den seelischen Jahreszeiten ebenfalls um archetypische Formen handelt, ist ihnen ein instinktives Verstehen möglich. Dann kann man mit dem Kind gemeinsam die vorangegangenen Zyklen analysieren, auf die gleiche Weise, wie bei den seelischen Jahreszeiten bereits beschrieben. Auf diese Art lassen sich Kinder von ihren Eltern durch schwierige Entwicklungsprozesse führen und geraten so nicht in die Gefahr eines Steckenbleibens. Emotionale Offenheit und Vertrauen sind die einzigen Voraussetzungen, die dafür bestehen müssen.

Jugend

Innerhalb dieser Entwicklungsphase steht vor allem das Thema Emotionen im Vordergrund. Durch die Pubertät zu Beginn wird der Mensch mit einem breiten Spektrum an neuen Gefühlen konfrontiert und alles, was bisher emotional sicher erschien, wird nun durcheinandergewirbelt. So müssen Emotionen neu ausgelotet, kennen und verstehen gelernt werden. Emotionsregulierung, also ein gesunder Umgang mit Emotionen, muss nun ebenfalls erlernt werden, denn bei Kindern wird dies noch weitgehend von den Eltern übernommen. Die wichtigste Grundlage dafür, einem Jugendlichen dies zu ermöglichen, muss bereits in der Kindheit geschaffen werden. Schon als Kinder müssen wir lernen, dass es keine unangebrachten Emotionen gibt. Jedes Gefühl ist gültig und hat seine Daseinsberechtigung, unabhängig davon, ob wir es verstehen und ob es uns passend erscheint oder nicht. Gleichzeitig dürfen Gefühle nicht in Kategorien von gut oder schlecht eingeteilt werden.

Indem wir unseren Kindern beibringen, Gefühle einfach anzunehmen und zu akzeptieren, vermitteln wir eine solide Grundlage. Auf dieser können wir gemeinsam mit ihnen aufbauen, indem wir wertfrei über ihre Gefühle sprechen, ihnen Zusammenhänge erklären, die sie noch nicht begreifen können, und ihnen helfen, andere Perspektiven dazu einzunehmen. Es ist wichtig, Kindern Wege aufzuzeigen, dass sie ihren Emotionen nicht ausgeliefert sind, sondern dass diese uns immer nur etwas mitteilen wollen. Intensive, unangenehme Gefühle sagen uns zum Beispiel immer, dass etwas nicht stimmt. Vielleicht werden wichtige Bedürfnisse unterdrückt oder bestimmte Ereignisse nicht verarbeitet. Indem man gemeinsam den Ursachen auf den Grund geht, können solche Gefühle transformiert werden und lösen sich auf. Dabei können auch Entspannungstechniken und Atemübungen zur Stimulation des Vagusnervs[16] helfen.

Gleichzeitig werden die Selbstbehauptung und die Ausbildung und Stärkung des eigenen, individuellen Ichs nun immer wichtiger, denn in dieser Phase sind Eigenständigkeit und damit Unabhängigkeit wohl die wichtigsten Ziele. So werden auch Akte der Rebellion immer wieder notwendig, um sich selbst behaupten zu lernen. Werden

---

[16] **Vagusnerv:** Nervenstrang, der direkt am Stammhirn entspringt und die parasympathischen Nervenbahnen aktiviert; dadurch werden Herzschlag und Blutdruck gesenkt und der Stressmodus des Nervensystems beendet

Jugendliche in dieser Phase zu starren Grenzen und zu starker Autorität ausgesetzt, sodass ihnen kein Raum für die Selbstentfaltung bleibt, besteht auch hier eine große Gefahr, in der psychischen Entwicklung für den Rest des Lebens steckenzubleiben.

Verglichen mit den Jahreszeiten kann man die Phase der Jugend am ehesten mit einer Art Frühsommer gleichsetzen. Es geht hier darum, die in der Kindheit gesetzte Saat zu pflegen und zum Austreiben zu bringen, deshalb verfügen Menschen auch innerhalb der Jugendzeit und des frühen Erwachsenenalters über die stärkste Lebensenergie. In dieser Zeit ist man kaum unterzukriegen, extrem widerstandsfähig und besonders zielstrebig. Wie im seelischen Sommer sind dies die benötigten Eigenschaften, um die Ziele der jeweiligen Phase erreichen zu können. Auch die Lernaufgaben und Herausforderungen sind hier gleich, es geht darum, angestrebte Ziele weiterzuverfolgen, auch wenn ein Erfolg noch nicht in Sicht ist. Durchhaltevermögen und das sinnvolle Haushalten mit der eigenen Energie müssen nun gelernt werden, um sich erfolgreich über diese Phase hinaus entwickeln zu können.

Dazu gehört auch die Überwindung der für Jugendliche typischen Unsicherheiten bezüglich ihres Körpers, ihres Charakters und ihrer Fähigkeiten. Sind diese normal ausgeprägt und nicht im Übermaß vorhanden, handelt es sich hierbei um noch nicht ganz abgeschlossene Entwicklungen der Kindheitsphase. Immerhin müssen wir alle erst lernen, wo unser Platz im Leben ist, und ebenso, uns selbst realistisch einschätzen zu können. Weist ein Jugendlicher jedoch besonders starke Unsicherheiten auf, die auffällig werden und die „Norm" übersteigen, findet sich hier meist ein Hinweis darauf, dass es bereits in der kindlichen Entwicklung zu Störungen kam. Starke Unsicherheiten bezüglich des eigenen Körpers, die sich durch mangelndes oder kaum vorhandenes Selbstbewusstsein zum Ausdruck bringen, sind zum Beispiel oft die Folge von toxischer Erziehung. Wird ein Kind in seinem Äußeren von den engsten Bezugspersonen herabgewertet, lernt es nicht, sich selbst anzunehmen. Gleiches gilt natürlich für Charaktereigenschaften des Kindes. Deshalb gilt grundsätzlich, dass wir unsere Kinder immer so annehmen müssen, wie sie sind, mit ihren Stärken und Schwächen. Wir müssen ihnen helfen, ihre Stärken zu kennen und auszubauen. Genauso müssen wir ihnen beibringen, ihre Schwächen nicht abzulehnen, sondern zu akzeptieren und als etwas zu begreifen, woran sie arbeiten können.

Frühes Erwachsenenalter

Die Zeit des Auslotens und Erkundens ist nun weitgehend abgeschlossen, Ziele für das eigene Leben wurden gesetzt und mit deren Umsetzung wurde begonnen. Nun gilt es vor allem, Autonomie zu erwerben und Ich-Stärke zu entwickeln. Auch das Setzen von gesunden Grenzen steht jetzt im Vordergrund und wird durch die Außenwelt immer wieder eingefordert. Es herrscht nach wie vor eine sommerliche Energie, vergleichbar jedoch eher mit der des Spätsommers. Die Saat wurde gesetzt und ist bereits gewachsen, nun muss sie vor allem beschützt werden, was diese bedrohen kann, und gleichzeitig benötigt sie weiterhin Pflege. Das bedeutet: Bereits Erlerntes muss immer wieder vertieft werden, die Lernaufgaben der Jugend folgen uns in diese Lebensphase, nur mit erhöhtem Schwierigkeitsgrad. Wir werden vor vielfältige Prüfungen gestellt, die uns helfen, uns selbst diesbezüglich besser einzuschätzen. So werden uns unsere Schwachstellen, an denen wir noch stärker arbeiten müssen, innerhalb dieser Phase besonders deutlich aufgezeigt. Wer als Jugendlicher noch nicht gelernt hat, Grenzen zu setzen, wird als junger Erwachsener nun besonders zu kämpfen haben.

Solche Prüfungen können in vielfältiger Form daherkommen. Manch einer wird nun bereits in der Ausbildung von Vorgesetzten übervorteilt und ausgenutzt oder von Kollegen herumgeschubst und muss nun lernen, die eigenen Grenzen zu erkennen und durchzusetzen. Andere beginnen vielleicht eine Ausbildung oder ein Studium, zu der/dem sie von ihren Eltern gedrängt wurden, obwohl sie eigentlich etwas anderes machen wollten. Je länger sie dabei sind, umso belastender wird sich das für sie gestalten, und sie werden vor die Entscheidung gestellt, was ihnen wichtiger ist: es den Eltern recht zu machen und Konflikten aus dem Weg zu gehen oder sich selbst und die eigenen Bedürfnisse zu priorisieren, wie es für einen Erwachsenen angemessen ist. Die Ausbildung von Konfliktfähigkeit gehört ohnehin zu den grundlegendsten und wichtigsten Aufgaben in dieser Lebensphase. Als Jugendliche sollten wir uns bereits darin erprobt haben, jetzt sind wir gefordert, genügend Ich-Stärke zu entwickeln, uns auch in schwierigen Situationen zu behaupten.

Die größte Gefahr des Steckenbleibens besteht genau bei dieser Thematik. Wenn Ich-Stärke, Autonomie und Durchsetzungsvermögen nicht spätestens in dieser Phase verinnerlicht und gefestigt werden, kann und wird keine weitere Entwicklung stattfinden. Mangelt es an diesen Eigenschaften, sollten zunächst einmal die Gründe dafür evaluiert werden. In vielen Fällen stecken toxische Erziehungsmuster dahinter, wie zum Beispiel Herabwürdigung durch die Eltern, in seinen Bedürfnissen, Emotionen und Ansichten nicht ernst genommen werden innerhalb der Kindheit und Jugend und ein zu autoritärer Erziehungsstil. Aber auch Helikopter-Eltern, die ihre Kinder überbehüten und nicht zulassen, dass diese sich Herausforderungen stellen, können in einem Heranwachsenden diese Problematik auslösen. In solchen Fällen benötigt es ein gezieltes Training dieser Eigenschaften, um den Mangel ausgleichen zu können. Selbst im Laufe einer normalen Kindheit, ohne Störungen und Beeinträchtigungen, benötigen wir Jahre dafür, diese zu entwickeln. Deshalb wird der Prozess des Nachholens sich nicht nur besonders herausfordernd, sondern auch relativ langwierig gestalten und ist ohne professionelle Unterstützung kaum zu schaffen. Wer nicht zumindest über ein gut ausgebautes soziales Netzwerk mit unterstützenden Menschen verfügt, sollte sich also auf jeden Fall Hilfe bei einem Psychologen oder einem darauf spezialisierten Coach suchen.

Das frühe Erwachsenenalter endet in der Regel mit ca. dreißig bis vierzig Jahren, wobei ich noch einmal betonen möchte, dass dies nur ein sehr ungefährer Richtwert sein kann. Verläuft sie so wie von der Natur vorgesehen, herrschen hier die gleichen Emotionen vor wie in der Jugend und im Sommer: Man fühlt sich energiegeladen, unbesiegbar, erfüllt und mehr oder weniger glücklich. Existieren jedoch innere Widerstände, zum Beispiel der Unwille, sich selbst zu behaupten, kommt nicht nur der Entwicklungsprozess zum Stillstand, sondern auch die Gefühle schwanken ins Gegenteil um.

Lebensmitte

Die Lebensmitte findet im Normalfall zwischen 40 und 60 Jahren statt, kann aber auch früher oder später eintreten, je nach vorigem Entwicklungstempo. Die Voraussetzung für den Eintritt in diese Phase ist das Erlangen eines stabilen Ichs, inklusive Selbstwertgefühl und der Fähigkeit, Grenzen zu setzen. Der angestrebte Lebensweg ist umgesetzt und man befindet sich auf einem Weg zum Lebensziel, der ein Erreichen desselben zumindest in den Bereich des Möglichen setzt. Dies stellt natürlich den Idealzustand dar und trifft für viele Menschen bei Erreichen des Alters der Lebensmitte noch nicht zu. Doch existiert diese Phase aus genau diesem Grund. Sie lässt sich vergleichen mit dem Frühherbst oder dem Übergang vom Sommer zum Herbst. Es ist eine Zeit des Innehaltens und Überprüfens: Sind die angestrebten Ziele bereits umgesetzt oder muss evtl. eine neue Richtung eingeschlagen werden, um sie noch erreichen zu können? Um in der Herbstmetapher zu sprechen, muss nun geprüft werden, ob die angebauten Früchte bereits erntereif sind oder noch mehr Pflege benötigen.

Dieser Punkt in der menschlichen Entwicklung stellt den letzten Punkt dar, an dem ein endgültiges Stagnieren noch abwendbar ist. Wer zu diesem Zeitpunkt noch feststellt, dass er in seiner Entwicklung stecken geblieben ist, hat noch ausreichend geistige Flexibilität, diese wieder aufzunehmen, und sogar eine Chance, sie bis zum Ende zu durchlaufen. Auch wenn zu einem späteren Zeitpunkt noch Einsicht geschehen kann, ist es dann jedoch meist zu spät, den gesamten Entwicklungsprozess nachzuholen und zu Ende zu bringen. Deshalb ist die Phase der Lebensmitte wohl die wichtigste überhaupt, sie dient der eigenen Überprüfung und jeder ist nun aufgefordert, eine vorläufige Bilanz über sein Leben zu ziehen sowie die daraus entstehenden notwendigen Konsequenzen umzusetzen. Aus diesem Grund existiert die sogenannte Midlife-Crisis, denn dieses Ziehen einer Bilanz geschieht automatisch und zu viele Menschen sind bereits lange vor der Lebensmitte von ihrem Entwicklungsweg abgekommen. Wenn jedoch bis zur Lebensmitte kein ausreichendes Bewusstsein entwickelt wurde, dies auch erkennen zu können, wird auch das Umlenken schwierig.

Der Mensch spürt dann instinktiv, dass sein Leben nicht das ist, was er sich gewünscht hätte, er ist jedoch nicht in der Lage, die Gründe dafür zu erkennen. Stattdessen wird die Unzufriedenheit auf die körperliche Ebene projiziert in dem Versuch, sich wieder jung zu fühlen. Es handelt sich dabei um den instinktiven Versuch, das Rad der Zeit zurückzudrehen, ohne die bewusste Erkenntnis, dass dies auf geistiger Ebene durchaus möglich ist. Deshalb färbt man sich die Haare, trägt ein Toupet und tut einfach alles, um wieder jung zu wirken. Dass wahre Jugend aber einen offenen Geist benötigt, wird hierbei meist übersehen. Wenn die Entwicklung in der Lebensmitte sich auf eine solche Art zum Ausdruck bringt, der Mensch also die unbewussten Signale seines Selbst nicht versteht, ist die Krise vorprogrammiert. Die Midlife-Crisis sollte deshalb als Chance verstanden werden, als letzte Möglichkeit, umzukehren und endlich authentisch zu werden, damit man ein Leben führen kann, welches dem wahren Selbst auch entspricht. Gefühle wie Selbstzweifel und Unzufriedenheit sind deshalb vollkommen normal und auch erwünscht in dieser Phase, denn nur so wird der an dieser Stelle notwendige Prozess einer Lebensbilanzierung überhaupt eingeleitet. Wie intensiv und schwierig diese Phase empfunden wird, hängt somit davon ab, wie erfolgreich der bisherige Entwicklungsweg verlaufen ist.

Je nachdem, wie viel bewusste Entwicklung bisher überhaupt stattgefunden hat und wie viel Wert auf Themen wie Selbstfindung und Erfüllung dabei gelegt wurde, kann man hier vor einer enormen Herausforderung stehen. Stellt man fest, dass man sich im Grunde in einer Sackgasse befindet und von dort, wo man ursprünglich einmal hinwollte, weit entfernt ist, sollte man mit einer Bestandsaufnahme starten. Dafür benötigt man Zeit und Raum, denn im ersten Schritt muss man sich wieder mit seinem früheren, kindlichen und jugendlichen Ich verbinden. Es gilt nun, herauszufinden, was einen in dieser Zeit begeistert und angetrieben hat. Was waren motivierende Faktoren dieser Zeit, welche Wünsche und Träume gab es damals? Existierten besondere Begabungen, die man vernachlässigt oder aufgegeben hat? Die Ergebnisse dieser Reflexion sollten schriftlich festgehalten werden. Im Anschluss wird die aktuelle Lebenssituation zu Papier gebracht und dabei mit diesen ersten Ergebnissen abgeglichen. Auf diese Art erhält man einen guten, ersten Überblick darüber, wie weit beides voneinander entfernt ist. Es kann sehr entmutigend und ernüchternd wirken, wenn bei dieser Bestandsaufnahme eine zu große Differenz herauskommt. Deshalb muss man sich zwei Dinge bewusst machen:

1. Es ist nie zu spät!
2. Selbst wenn sich alte Ziele oder Träume nicht mehr vollständig umsetzen lassen, der Weg ist das Ziel!

So wichtig es für uns ist, unsere Lebensziele auch zu erreichen, sich auf den Weg zu machen, ist im Grunde das Einzige, was zählt. Haben wir durch unsere Lebensumstände Chancen verpasst, ist dies kein schuldhaftes Versagen. Was unsere Seele braucht, um zu gesunden, ist lediglich, dass wir ihrem vorgegebenen Weg folgen. Jemand kann zum Beispiel von Kindheit an über eine starke musikalische Begabung verfügt und davon geträumt haben, professioneller Musiker zu werden. Wenn diese Person dann mit vierzig Jahren als Büroangestellter durch die Midlife-Crisis plötzlich „aufwacht", mag der Zug in eine professionelle Musikerkarriere vermutlich abgefahren sein. Worum es der Seele jedoch ging, war ganz simpel: Musizieren! Der Weg ist das Ziel und so kann dieser Mensch damit beginnen, Musik wieder zu einem verstärkten Teil seines Lebens zu machen. Auch wenn er dabei nie über den Hobbystatus hinauskommt, wird er auf jeden Fall mit zunehmender innerer Balance belohnt. Je mehr also wieder die richtigen Prioritäten im Leben gesetzt werden, umso mehr Chancen werden sich auch auftun, die einen weiter in die Richtung führen können, in die man ursprünglich wollte. Letzten Endes kann niemand mit Sicherheit sagen, ob es nicht sogar eine unserer Lebensaufgaben war, solche Umwege zu gehen und auf diesem Wege bestimmte Dinge zu lernen, zum Beispiel die eigenen Fähigkeiten mehr zu schätzen oder sich selbst und die eigenen Bedürfnisse zu priorisieren.

Reife

Die Phase der Reife setzt nach dem Überwinden der Midlife-Crisis ein, wird also von vielen Menschen niemals erreicht. Denn diese Krise zu überwinden, ist nicht gleichzusetzen mit einem frustrierten Aufgeben, das mit zunehmendem Alter mehr und mehr in die Verbitterung führt. Ein tatsächliches Überwinden der Krise bedeutet, Frieden mit sich selbst und dem Prozess des Alterns zu erlangen. Es bedeutet auch, die eigenen Mangelzustände, die noch bestehen, erkannt zu haben und sich ihrer Überwindung zu stellen. Deshalb geht es in dieser Phase vor allem darum, Verantwortung zu übernehmen – sowohl für sich selbst und das eigene Leben als auch für seine Mitmenschen und die Welt, in der wir leben. Im Idealfall haben wir inzwischen gelernt, Empathie zu leben und nicht mehr impulsiv zu handeln, ohne mögliche Folgen und

Konsequenzen abzuwägen. Wir haben gelernt, Grenzen zu setzen, was in den frühen Lebensphasen nicht immer gelungen ist, ohne die Grenzen oder die Gefühle anderer zu verletzen. Nun verfügen wir jedoch über genügend Weisheit und Umsicht, beides umsetzen zu können: Das Bewahren der eigenen Grenzen und das Respektieren der Grenzen unserer Mitmenschen und dazwischen keine Konflikte entstehen zu lassen oder diese angemessen zu lösen.

Bisher bestand das Leben aus einem ewigen „Ich vs. die anderen", ein ständiges Abwägen von Authentizität vs. Gruppenzugehörigkeit. Dies war auch notwendig, um ein stabiles Ich ausbilden zu können. Nun müssen wir lernen, beides miteinander in Einklang zu bringen und anderen, die sich noch auf dem Weg dorthin befinden, bestmöglich dabei zu helfen. Die Lebensmitte entspricht somit dem Herbst, und zwar dem Beginn der Ernte. Die Freude über die eigenen Erfolge ist schon vorhanden, genossen werden können sie jedoch erst nach der Ernte. Die Ernte stellt noch einmal Arbeit dar, die auch sehr erschöpfend sein kann. Das sind die Jahre, die noch vor uns liegen und in denen wir noch eine Menge erreichen können, bevor wir uns tatsächlich zur Ruhe setzen, um eine Abschlussbilanz über unser Leben zu ziehen. Dabei können diese Erfolge ebenfalls wieder vielfältig sein und müssen bzw. sollten auch nicht immer beruflicher Natur sein. Eines der wichtigsten Lebensziele sollte in der persönlichen Weiterentwicklung liegen, darin, zu einem authentischen Menschen zu werden, der immer sein Bestes gibt. Das kommt dem Ziel von C. G. Jungs Individuationsprozess am nächsten.

Darüber hinaus sind jedoch auch andere Lebensziele wichtig, etwa eine Familie gegründet und Kinder zu selbstständigen, autarken Mitmenschen erzogen zu haben. Manch einer möchte einen bleibenden Eindruck hinterlassen und der Welt seinen Stempel aufdrücken. Dazu bedarf es nicht immer großer Meisterleistungen, die einen Nobelpreis hervorbringen, sondern auch weniger spektakuläre Errungenschaften zählen. Für kreative Menschen können diese in ihren

Werken bestehen: Bilder, Bücher, Musikstücke, die den Menschen etwas geben und als Teil ihres Erschaffers diesen überdauern.

Der allergrößte Erfolg im Leben besteht meines Erachtens darin, niemals aufgegeben zu haben, egal, wie oft man gefallen ist, doch immer wieder aufgestanden zu sein, um sich den Schwierigkeiten zu stellen. Niemand kann etwas für die Umstände, die sein Leben formen, und so manch einer wird davon immer wieder in die Knie gezwungen. Trotzdem weiterzumachen, zeugt dann von der größten Stärke, die ein Mensch entwickeln kann. Deshalb möchte ich an dieser Stelle mein Lebensmotto als Inspiration teilen:

"I will fake it, till I make it and if I don't make it, I will die trying!"
(Ich werde so tun, als ob, bis ich es schaffe, und wenn ich es nicht schaffe, werde ich bei dem Versuch sterben!)

Somit herrschen in dieser Phase auch, wie im Herbst, gemischte Gefühle vor: Freude und Stolz über Erreichtes, Frustration und Ärger über Niederlagen oder Schwierigkeiten. Doch noch besteht genügend Energie und wir verfügen noch über die notwendigen geistigen Ressourcen, das Ruder noch einmal herumzureißen, sollte es notwendig sein.

Alter

Die Phase des Alters stellt den Abschluss des psychischen Entwicklungsprozesses dar, ab hier gibt es also logischerweise keine Weiterentwicklung mehr. Alles, was wir lernen konnten und mussten, haben wir erfolgreich abgeschlossen, so sollte es jedenfalls idealerweise sein. Da wir jedoch inzwischen gesehen haben, dass man bereits im Kindesalter zum Stillstand kommen kann, bedeutet dies auch, dass die Phase des Alters schon in sehr jungen Jahren erreicht werden kann. Im Prinzip besteht das Potenzial dafür von Beginn an, jedoch benötigt es entweder stark einschneidende und prägende Erlebnisse, zum

Beispiel traumatischer Art, oder eine Entwicklungsumgebung, die absolut unterdrückend wirkt. Wir betrachten hier die menschlichen Entwicklungsphasen schließlich nicht auf der körperlichen Ebene, sondern eben auf der psychischen. Auf psychischer Ebene bedeutet Alter vor allem eines: Stillstand, Ende der Entwicklung.

Kommt die psychische Entwicklung für längere Zeit ins Stocken, tritt die Phase des Alters in jedem Fall ein, selbst wenn der Mensch erst zwanzig oder dreißig Jahre alt ist. In diesem Fall kann man von einer gescheiterten Entwicklung sprechen, die sich durch geistige Verschlossenheit und Starre zum Ausdruck bringt und früher oder später zu einer absoluten Vereinsamung führt. Je länger dieser Zustand des seelischen Alters anhält, desto unwahrscheinlicher wird es dann auch, dass die betreffende Person sich daraus noch einmal lösen kann. Wird ein solcher Stillstand jedoch rechtzeitig erkannt, kann hier noch helfend und unterstützend eingegriffen werden. Dies muss jedoch von außen geschehen, da ein Mensch in dieser Phase nicht mehr in der Lage ist, dieses Defizit zu erkennen. Dann kommt es zusätzlich auf die Bereitschaft der Person an, das Problem zu erkennen und etwas daran zu verändern. Ist diese tatsächlich vorhanden, kann ein endgültiger Stillstand möglicherweise noch abgewendet und die Entwicklung wieder aufgenommen werden.

Nun mag sich der eine oder andere fragen, ob auch der umgekehrte Fall möglich ist, in Form einer so zügigen Entwicklung, dass bereits in relativ jungen Jahren eine gesunde Form des psychischen Alters erreicht werden kann. Bezüglich der Phase der Reife wäre dies durchaus möglich, denn in dieser herrscht noch immer Entwicklung vor. Einige Menschen erreichen sie bereits in ihren Dreißigern, haben dafür jedoch meist ein besonders schwieriges Leben hinter sich, welches sie zu einer gesteigerten Entwicklung gezwungen hat. Das psychische Alter hat allerdings auch immer etwas mit dem bevorstehenden Lebensende zu tun, denn ab hier findet keine Entwicklung mehr statt. Es geht nun nur noch darum, eine letzte Bilanz zu ziehen und persönlichen Frieden zu machen. Deshalb tritt diese Phase, wenn sie nicht durch Stillstand bedingt ist, immer erst einige Jahre vor dem tatsächlichen Tod eines Menschen ein. Verläuft der Entwicklungsprozess also zumindest größtenteils ungestört und erfolgreich, ist diese Phase nichts, wovor man sich fürchten müsste, auch wenn sie uns mit unserer Sterblichkeit konfrontiert.

Meiner Ansicht nach ist genau das Gegenteil der Fall, denn wem es gelingt, nicht irgendwann geistig stehenzubleiben, der wird am Ende mit Weisheit und innerem Frieden belohnt und kann seinen letzten psychischen Winter in vollen Zügen genießen. In dieser Phase wird Einsamkeit dann zwar ebenfalls ein Thema sein, jedoch aus einer vollkommen anderen Perspektive erlebt. Das Alter bringt die Einsamkeit zwangsweise mit, denn abgesehen davon, dass ein Teil der geliebten Menschen schon vor einem geht, hat die Entfaltung einer autonomen und authentischen Persönlichkeit den sozialen Kreis ohnehin bereits stark verkleinert. Dafür ist man nun nur noch von den Menschen umgeben, die tatsächlich die gleichen Werte und Ideale leben wie man selbst. Wer so weit gekommen ist auf seinem Entwicklungsweg, hat Einsamkeit sogar zu schätzen gelernt und zieht sie einer oberflächlichen Geselligkeit deutlich vor. Darüber hinaus ist die Einsamkeit nur ein Teil der Gleichung, denn auch wenn der eigene soziale Kreis geschrumpft ist, so ist doch die Qualität und Intimität der Beziehungen, die geblieben sind, deutlich angestiegen. Dann gibt es nur noch eines zu tun: die Früchte aus der Arbeit des eigenen Lebens zu genießen, eine letzte Bilanz zu ziehen und, wenn es so weit ist, in Frieden mit sich selbst und der Welt zu gehen.

Von der Theorie in die Praxis

Nachdem wir nun die emotionalen Qualitäten der seelischen Jahreszeiten und der Entwicklungsphasen kennengelernt haben, gilt es, beides erkennen und voneinander unterscheiden zu können. Denn wie bereits zu Beginn dieses Kapitels erwähnt, kann man sich zum Beispiel in der Entwicklungsphase des Alters befinden, die emotional die Qualität des Winters hat, während man sich gleichzeitig in einem seelischen Frühling befindet. Dies herauszustellen, halte ich für besonders wichtig: Auch wenn die psychische Entwicklung abgeschlossen ist, können und werden wir weiterhin seelische Zyklen durchlaufen, solange, bis wir tatsächlich gehen. Im Grunde kann man gar nicht von einer abgeschlossenen Entwicklung sprechen, denn Entwicklung kann nicht wirklich enden. Es gibt immer etwas dazuzulernen, egal, wie gut man in einer Sache geworden ist. Wahre Meisterschaft bedeutet letztlich, seine Unschuld wiederzuerlangen, indem man genau dies erkennt. Das habe ich bereits deutlich gemacht, als ich von der Bedeutung der unterschiedlichen Gürtel im Karate sprach.

Doch kommen wir zurück zum eigentlichen Thema, nämlich wie man nun erkennt, in welcher Phase und welcher Jahreszeit man sich befindet. Die wohl größte Hilfe dabei stellt die Tatsache dar, dass die seelische Jahreszeit emotional sehr viel präsenter zu fühlen ist als die jeweilige Entwicklungsphase. Um bei dem Beispiel mit der Entwicklungsphase des Alters zu bleiben, die dem Winter entspricht, werden die Gefühle des Frühlings, also der seelischen Jahreszeit, im Vordergrund stehen. Auch der Winter ist dann spürbar, tritt jedoch mit seiner emotionalen Qualität in den Hintergrund. Es gilt also vor allem, tief in sich hineinzufühlen und eine emotionale Bilanz aufzustellen. Dafür sollte man sich zunächst bewusst werden, in welcher Entwicklungsphase man sich befindet. Das eigene, aktuelle Alter gibt dabei einen ersten Anhaltspunkt, sollte jedoch mit den Anforderungen und Emotionen der jeweiligen Phase abgeglichen werden, um sicher sein zu können. So sollte ein Mensch, der vierzig Jahre alt ist, zunächst für sich überprüfen, ob er tatsächlich schon in der Lebensmitte angekommen ist oder sich noch auf dem Weg dorthin befindet.

Ist die aktuelle Lebensphase sicher bestimmt, kennt man auch seine emotionale Grundschwingung sowie die jahreszeitliche Qualität, der sie entspricht. Diese Grundschwingung ist immer spürbar, mal sehr deutlich, mal eher im Hintergrund, jedoch unabhängig von den äußeren Umständen oder der aktuellen seelischen Jahreszeit. Deshalb gilt es nun, sich aller Emotionen, die aktuell zusätzlich auftreten, bewusst zu werden. Lassen sich hierbei keinerlei Emotionen oder Themen feststellen, die von denen der aktuellen Lebensphase abweichen, befindet sich beides im Einklang. Das bedeutet, die aktuelle seelische Jahreszeit entspricht genau der aktuellen Lebensphase. Sobald aber von der Lebensphase abweichende Emotionen und Themen auftreten, die einer gewissen Konsistenz unterliegen, geben genau diese Auskunft über die aktuelle seelische Jahreszeit, sollte diese von der aktuellen Lebensphase abweichen. So ist es möglich, sich zum Beispiel in der Lebensphase des frühen Erwachsenenalters mit einer sommerlichen Qualität zu befinden, in sich aber auch Gefühle zu entdecken oder sich mit Themen konfrontiert zu sehen, die eher dem Winter entsprechen.

Wie man sieht, existiert keine zu hundert Prozent sichere Methode, die eigene seelische Jahreszeit zu bestimmen, denn dafür spielen zu viele Faktoren eine Rolle. Es ist vielmehr eine Frage der Intuition, die uns als einzige Instanz eine sichere Antwort geben kann. Wer sich beim Lesen über die Jahreszeiten von bestimmten Aussagen berührt fühlte oder sich in etwas wiedererkannte, ist somit aufgefordert, genau an dieser Stelle genauer hineinzufühlen. Auf genau diese Art spricht die Intuition nämlich sehr häufig zu uns, indem sie uns durch plötzliche emotionale Reaktionen auf etwas aufmerksam macht. Darüber hinaus kann eine Betrachtung der eigenen Grundstimmung in der letzten Zeit ebenfalls wichtige Hinweise auf die Antwort liefern. Die eigene seelische Jahreszeit zu bestimmen, kann somit eine gute

Übung sein, zum ersten Mal bewussten Kontakt mit dem persönlichen Unbewussten herzustellen, denn genau dort liegt diese Information verborgen.

Diese seelischen Zyklen und Lebensphasen bestimmen zu können, ist nicht nur wichtig, um den eigenen Lebensweg erfolgreich gestalten und aktuelle Lernaufgaben und Entwicklungsziele bestimmen zu können. Wir werden uns im Folgenden endlich mit den Archetypen befassen, die immer auch über jahreszeitliche Qualitäten verfügen. Mit dem bisher vermittelten Basiswissen wird deshalb eine viel gezieltere Auswahl jener Archetypen möglich, die uns aktuell die bestmögliche Hilfestellung zur Bewältigung unserer Aufgaben und Ziele geben können.

Die seelischen Archetypen

Inzwischen haben wir uns mit den grundlegenden archetypischen Formen vertraut gemacht, die in Form der Anima und des Animus sowie der seelischen Jahreszeiten und der menschlichen Entwicklungsphasen vorkommen. Ich werde innerhalb dieses Kapitels die wichtigsten von ihnen ausführlich vorstellen, nämlich die bekanntesten 12 Archetypen. Darüber hinaus existieren noch unzählige weitere, doch auch Jung beschränkte sich bis auf wenige Ausnahmen auf diese zwölf. Er war der Auffassung, dass es nahezu unmöglich wäre, alle existierenden Archetypen zu definieren. Damit kommen wir auch zunächst einmal zum Ursprung der Archetypen oder Jungs Annahme dessen, wie diese sich entwickelt haben. Dazu ist es wichtig, die Evolution des Bewusstseins zu verstehen. Der Mensch hat sich aus dem Tier entwickelt, das bedeutet, er war nicht immer so bewusst, wie er es heute ist, genauso wie diese Evolution nicht stillsteht und immer noch eine Menge Raum für Bewusstseinsentwicklung offen ist. Dies sei jedoch nur am Rande erwähnt. Wichtig ist, sich klarzumachen, dass Menschen den Reiz-Reaktions-Maschinen, für die Freud sie hielt, vor der Entwicklung des Bewusstseins weit näher waren, als sie es heute noch sind. Dies war jedoch zu Zeiten, als der Mensch sich gerade erst zu entwickeln begann, also ca. zu Beginn der Jungsteinzeit. Es gab Reize aus der Umwelt, auf die wir reagiert haben, ohne darüber bewusst nachdenken zu können. Diese existierten zum Beispiel in Form einer Bedrohung durch Raubtiere, des Erblickens geeigneter Beutetiere oder Wettereinflüssen. Gleichzeitig machten wir auch zu dieser Zeit bereits emotionale Erfahrungen, von denen viele besonders intensiven, prägenden Charakter hatten. Dazu gehörte zum Beispiel der Verlust von Mitgliedern der Gruppe durch Krankheit oder Verletzungen. Der Verlust von Neugeborenen, die direkt oder kurz nach der Geburt starben, dürfte besonders prägenden Charakter gehabt haben. Da bewusstes Denken zu dieser Zeit noch nicht ausgebildet war, sondern bestenfalls begann, sich zu entwickeln, mussten solche tiefgehenden, emotionalen Erfahrungen auf andere Weise verarbeitet werden. Somit wurde es zur Aufgabe des Unbewusstseins, Wege zur Verarbeitung von Emotionen zu finden, und dies auf eine Weise, die nicht nur dem Individuum diente, sondern möglichst der gesamten Spezies. Dies war im Grunde notwendig, damit Fehler des Individuums zur prägenden Lernerfahrung für die gesamte Gruppe werden konnten. Gleichzeitig existierten ohnehin eine Vielzahl an Erfahrungen, die jedes Individuum im Laufe des Lebens trafen, wie Geburt, Krankheit und Tod, Verlust und Gefahr. Jede emotionale Erfahrung, die ein Individuum machte, wurde im kollektiven Unbewusstsein in Bilder umgesetzt und dort gespeichert, denn man kann davon ausgehen, dass ein persönliches Unbewusstsein sich erst mit der Entwicklung des persönlichen Bewusstseins ausgebildet hat.

Somit existierte zu Beginn der menschlichen Evolution zunächst nur das kollektive Unbewusste, welches die emotionalen Aspekte jeglicher Erfahrungen in sich aufnahm, zur Verarbeitung in bildhafte Metaphern übertrug und diese für die Gemeinschaft speicherte. Auf diese Art entstanden erste grobe „Formen", die für alle abrufbar im kollektiven Unbewussten ruhten. Machte ein Individuum eine Erfahrung, die dort ihr Gegenstück fand, konnte diese leichter verarbeitet und integriert werden. Diese archetypischen Inhalte des kollektiven Unbewussten waren somit stark an der Entwicklung des persönlichen Bewusst- und Unbewusstseins beteiligt, denn sie gaben die Formen vor, die es dem Menschen ermöglichten, seine Persönlichkeit auszubilden. Je weiter diese Entwicklung eines persönlichen Bewusstseins jedoch voranschritt, desto wichtiger wurde es sowohl für das Individuum als auch für die Gruppe, die Welt um sie herum zu begreifen. So entstanden die Vorstellungen von Göttern, Geistern und Dämonen sowie ritualisierte Handlungen, um diese zu besänftigen und positiv zu stimmen. Doch auch dies geschah zunächst auf einer unbewussten Ebene, die auf instinktivem, unbewusstem Verständnis beruhte.

C.G. Jung brachte in seinem Buch „Der Mensch und seine Symbole[17]" ein interessantes Beispiel für diese Tatsache an. Dabei ging es um einen Eingeborenenstamm am Mount Elgon in Afrika, bei dem er etwas Zeit verbracht hatte. Diese Eingeborenen hatten ein morgendliches Ritual, welches immer zum Sonnenaufgang stattfand. Dazu hauchten oder spuckten sie in ihre Hände und streckten diese gen Himmel, der aufgehenden Sonne entgehen. Sie waren jedoch nicht in der Lage, zu erklären, warum sie dies taten. Auf Nachfrage von Jung erklärten sie lediglich, dass sie das schon immer so getan hätten, genauso wie ihre Ahnen. Sie hatten also nie darüber nachgedacht, sondern vollkommen „automatisiert" gehandelt. Die Bedeutung dieses Rituals lag für Jung auf der Hand, denn sie bezeichneten die aufgehende Sonne als „mungu". Dieser Suaheli-Begriff bezeichnet so etwas wie eine übergroße, bedeutende Macht und lässt sich somit auch als „Gott" übersetzen. Dabei war nicht die Sonne selbst damit gemeint, sondern lediglich die Sonne zum Zeitpunkt ihres Aufganges.

Der Akt des Hauchens oder Spuckens in die Hände hatte dabei definitiv einen tieferen Sinn, denn sowohl der Atem als auch der Speichel

---

[17] **Quelle:** C. G.Jung, Marie-Louise von Franz, Joseph L. Henderson, Jolande Jakobi, Aniela Jaffé. 1964. 21. Auflage 2019. Patmos Verlag, Seite 81

sind mythologisch betrachtet mit der Substanz der Seele gleichzusetzen. Das zieht sich durch die Mythologie sämtlicher Kulturen. Sie brachten also dem aufgehenden Gott ihre Seele dar, um ihn gnädig zu stimmen, jedoch ohne rational zu wissen oder gar erklären zu können, was sie da taten und weshalb. Anhand dieses Beispiels wird also sehr deutlich, wie sich aus dem kollektiven Unbewussten bestimmte Vorstellungen und Rituale entwickelten, die die Handlungen und somit auch im späteren Verlauf das Bewusstsein des Menschen prägten. Dabei ist es nun besonders bedeutsam, das grundlegende Wesen dieser Archetypen zu verstehen, denn im Grunde handelt es sich sowohl beim Akt dieses Rituals der Eingeborenen als auch bei der Gott-Vorstellung bereits um archetypische Inhalte. Archetypen werden somit nicht nur durch Charaktere, wie zum Beispiel Gottesbilder, repräsentiert, sondern zum Teil auch durch ritualisierte Handlungen.

Aus diesem Grund bezeichnete ich die Archetypen im Vorwort dieser Lektüre als Schablonen, denn sie sind in ihrem grundlegenden Wesen nicht näher definiert. Da sie lediglich gespeicherte Erfahrungen repräsentieren, gibt jeder Archetyp auch bloß bestimmte Formen vor. Der Begriff Form definiert an dieser Stelle bestimmte emotionale Qualitäten, die dann vom persönlichen Unbewusstsein zu allem möglichen gemacht werden können, zum Beispiel zu Charaktereigenschaften oder Naturgewalten. Archetypen existieren somit nicht nur als charakterbildende Schablonen, sondern können auch symbolischer Natur oder in bestimmten Themen/Situationen zu finden sein. Bekannte archetypische Symbole finden sich zum Beispiel in der Schlange, als Symbol für List, Bosheit und Gefahr, aber auch für Weisheit und Glück, je nach Kulturkreis. Die Jahreszeiten mit ihren bestimmten, emotionalen Qualitäten kann man ebenfalls als archetypische Symbole bezeichnen, da diese im kollektiven Unbewussten eben mit ganz bestimmten Qualitäten und Themen verbunden sind. Kreise symbolisieren die Unendlichkeit und das Göttliche. Ein gutes Beispiel für archetypische Themen und Situationen finden wir im Klassiker jeder guten Geschichte: Gut gegen Böse oder Licht gegen Dunkelheit.

Sämtliche Archetypen, egal, welche Form sie annehmen, tauchen außer in Geschichten vor allem in Träumen auf, um uns Botschaften zu übermitteln. Diese können uns auf unserem persönlichen Weg leiten – wenn wir sie verstehen. So führte Jung in seinem eben genannten Werk gleich mehrere Beispiele von Menschen auf, die träumten, dass sie selbst oder jemand, den sie kannten, in ihrem oder seinem Haus verbrannte. Kurz darauf verstarben diese Personen an Fieber. Das persönliche Unbewusste hatte die bevorstehende Gefahr erkannt und diese in archetypische Bilder aus dem kollektiven Unbewussten verpackt: das Haus als Symbol für den menschlichen Körper und das Feuer als Symbol für die Hitze des Fiebers. Somit können Archetypen uns in den unterschiedlichsten Formen begegnen und werden dabei meist nicht einmal als Archetyp erkannt. Jedoch existieren bestimmte archetypische Formen, die auch im kollektiven Unbewussten bereits „vorgeformt" wurden und auf persönlicher Ebene nur noch in leichter erkennbaren Abwandlungen auftauchen.

Die bekanntesten und verbreitetsten von ihnen kennen wir als die zwölf seelischen Archetypen, die in Form bestimmter Persönlichkeitsmerkmale vorkommen und in jeder guten Geschichte die Hauptcharaktere darstellen. Nur aus diesem Grund können Geschichten uns berühren und inspirieren, weil wir in ihren Charakteren und Handlungen etwas Uraltes wiedererkennen, das in uns lebt und durch diese Berührung geweckt wird. Diese zwölf Archetypen bauen auf drei archetypischen Grundformen auf, genauso wie sämtliche weitere existierende Archetypen. Im Grunde haben wir uns damit bereits beschäftigt, denn diese Grundformen bestehen zum einen im männlich-weiblichen Prinzip, also Anima und Animus, sowie im kindlichen Prinzip. Dieses kindliche Prinzip finden wir vor allem in der seelischen Entwicklungsphase der Kindheit wieder. Es handelt sich also um grundlegende, emotionale und charakterliche Qualitäten, aus denen sich die komplexeren zwölf Archetypen formen. Dabei muss man verstehen, dass keiner von ihnen im Grunde einem Geschlecht unterliegt, nicht einmal die Anima und der Animus. Durch das Prinzip der Polarität, mit dem wir uns inzwischen ausführlich befasst haben, existieren immer beide Energiepole in allem, was existiert. Auch wenn bestimmte Archetypen eine rein weibliche oder rein männliche Form anzunehmen scheinen, können sie auf den Menschen übertragen sowohl von einem Mann als auch von einer Frau verkörpert werden. Die Betonung einer Polarität durch einen Archetypus dient lediglich der Betonung bestimmter Eigenschaften.

DIE ZWÖLF WICHTIGSTEN ARCHETYPISCHEN FORMEN

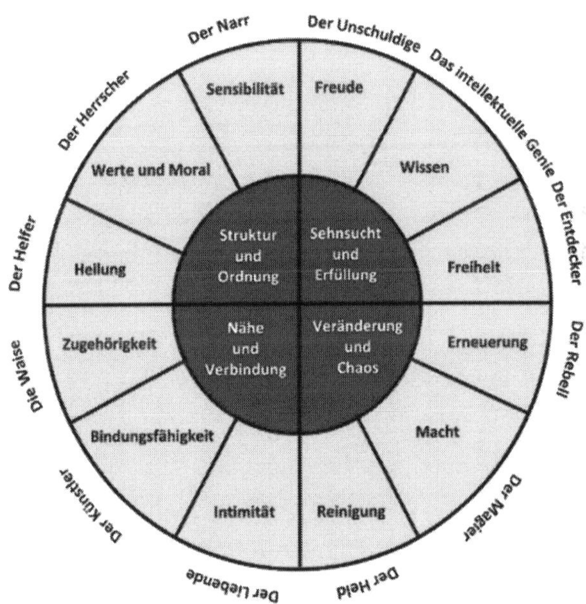

Quelle: In Anlehnung an Thomas Pyczaks Grafik der 12 Archetypen: https://thomas-pyczak.de/storytelling/

Die folgenden zwölf Archetypen lassen sich in vier verschiedene Gruppen gliedern, von denen jede ein eigenes emotionales Thema oder eine Lebensaufgabe repräsentiert. Der Liebende wird zum Beispiel vom Wunsch getrieben, Intimität zu erleben. Dadurch kommt er mit den grundlegenden Themen seiner Lebensaufgabe, Nähe und Verbindung, in Berührung. Diese Art der Einteilung der Archetypen schafft einen groben ersten Überblick und hilft gleichzeitig, archetypische Energien, wenn sie uns begegnen, leichter zu erkennen. Es ist lediglich notwendig, die grundlegenden emotionalen Motivationskräfte eines Charakters oder einer Situation zu erkennen. Ist dies gelungen, lässt sich der jeweilige Archetyp leicht identifizieren. Bevor wir nun beginnen, diese im Detail zu betrachten, möchte ich noch auf etwas Wichtiges hinweisen:

Viele Menschen gehen von der Annahme aus, jeder würde einen ganz bestimmten Archetyp repräsentieren, und möchten dann wissen, welchem dieser Typen sie selbst entsprechen. Zwar ist es durchaus möglich und in einigen Fällen vielleicht auch tatsächlich so gegeben, dass eine Person nur einem Archetypus entspricht, gedacht ist dies so jedoch ganz und gar nicht. Betrachtet man die Grafik und ihre emotionalen Themengebiete, lässt sich bereits erahnen, worauf ich hinauswill. All diese Themen sind in jedem Menschen vorhanden, mal stärker und mal schwächer ausgeprägt. Die Integration aller möglichen Archetypen erzeugt somit eine Ganzheit im Menschen, denn erst in der Verbindung all dieser Themen entsteht ein wirklich harmonischer, in sich ruhender Charakter. Man könnte diese zwölf Typen somit auch als einzelne Stationen des Individuationsprozesses betrachten, wenn man diesen Weg gehen möchte. Es spricht nichts dagegen, sich ein Leben lang voll und ganz einem einzigen Typen hinzugeben und diesen bis zur Perfektion zu verkörpern, doch besteht das Leben aus Wandel und Veränderung und so finden wir im Normalfall eher unterschiedliche Archetypen in uns.

So beginnen wir vielleicht als der Unschuldige, werden dann eine Zeit lang zum Helden, wechseln anschließend zum Magier und enden als Liebender. Wie beim Ausbalancieren der Polarität kommt es im Leben vor allem darauf an, flexibel auf die Anforderungen der jeweiligen Situationen reagieren zu können.

Das bedeutet, je mehr archetypische Formen man in sich kennenlernt und integriert, desto mehr Möglichkeiten hat man auch zur Verfügung, den Herausforderungen des eigenen Lebens zu begegnen. Die Lebensaufgabe eines Archetyps kann somit auch zur Lernaufgabe eines Lebensabschnittes werden. Je mehr dieser archetypischen Energien beim Lesen also in sich selbst wieder erkannt werden, desto besser. Der Weg der Individuation ist das Streben nach Vervollkommnung, Ganzheit und Harmonie mit dem Selbst – durch vollständige Integration so vieler archetypischer Formen wie möglich kommen wir diesem Ziel am besten näher.

Sehnsucht und Erfüllung

Der Unschuldige – Freude

Der Archetyp des Unschuldigen bewegt sich durch die Welt, als würde nichts Böses existieren und als wäre ihm niemals etwas Schlechtes widerfahren. Er verfügt über ein stark ausgeprägtes Urvertrauen und trägt hohe Moral- und Wertvorstellungen in sich, die er auf jeden seiner Mitmenschen zu projizieren scheint. Dementsprechend verhält er sich so, als ginge er davon aus, jeder würde seine Werte teilen. Dadurch kann er sehr naiv wirken. Dies ist jedoch ein Trugschluss, denn er ist sich der negativen Aspekte der Welt und der Menschen wohl bewusst. Er weigert sich einfach nur, diesen mehr Aufmerksamkeit als notwendig zu schenken. Für ihn ist es am wichtigsten, glücklich zu sein, und er möchte dies nicht nur für sich selbst, sondern auch für jene, die ihm wichtig sind. Diese Eigenschaft kann ihn sehr pragmatisch machen, denn er hält sich nicht lange mit negativen Emotionen auf.

Wenn ihn etwas belastet, sucht er nach praktischen Lösungen, lassen sich diese nicht finden, lässt er einfach los und zieht weiter. Somit liegt eine seiner Stärken in der Vereinfachung. Selbst die komplexesten Zusammenhänge bricht er mit Leichtigkeit auf eine einfache Ebene herunter, auf der sich leichter Lösungen finden lassen. Auf der Schattenseite steht seinem Pragmatismus jedoch eine gewisse Oberflächlichkeit gegenüber, denn er ist nicht daran interessiert, zu stark in die Tiefe zu gehen. Ihn fasziniert vor allem das Neue sowie alles, was Freude bereitet. Ist seine anfängliche Neugier jedoch einmal gestillt, wird ihm schnell langweilig und er zieht weiter. Dieses Verhaltensmuster zeigt sich häufig in Form von ständig wechselnden Hobbys und Interessen. Zunächst werden diese mit Begeisterung und vollem Einsatz verfolgt, spätestens nach einigen Monaten steht jedoch wieder etwas Neues auf dem Plan.

Das intellektuelle Genie – Wissen

Dieser Archetyp wird in der Regel als der Weise bezeichnet, meiner Auffassung nach passt diese Bezeichnung jedoch nur bedingt. Echte Weisheit zeichnet sich aus durch eine Verbindung von rationaler und emotionaler Intelligenz sowie einem großen Erfahrungsschatz. Das intellektuelle Genie verfügt definitiv über die rationale Intelligenz und auch den Erfahrungsschatz eignet er sich im Laufe seines Lebens an. Dafür mangelt es ihm an der Fähigkeit, mit Emotionen umzugehen und diese zu verstehen. Es ist, als fehle ihm der Bezug zu seinen Gefühlen, möglicherweise hat er nie gelernt, diesen herzustellen. Deshalb bewertet er Emotionen als unzulänglich und nicht verlässlich. Für diesen Archetyp zählen nur echte Fakten und genau danach hungert er auch. Wissen ist sein täglich Brot, von dem er nie genug bekommen kann. Darauf baut sich das Leben des Intellektuellen auf, selbst wenn er keinen entsprechenden Beruf ergreift, ist er ein Forscher, der versucht, die Existenz und das Leben in der Tiefe zu verstehen. Dabei ist sein Denken stark analytisch und unkonventionell, so erkennt er als Freigeist Zusammenhänge, die andere oft übersehen.

Das intellektuelle Genie bringt Großes hervor, jedoch nur, wenn es ihm gelingt, Zugang zu seinen Gefühlen zu finden. Es gehört zu den wichtigsten Lernaufgaben des intellektuellen Genies, seine übergroßen rationalen Fähigkeiten in Balance zu bringen mit seinem emotionalen Verständnis. Gelingt es ihm nicht, seine Emotionen zumindest zum Teil zu integrieren, wird das, was sein Geist hervorbringt, für andere immer weniger greifbar sein. Dann verliert er die Bodenhaftung, wird emotional immer kälter und entfernt sich zunehmend von seinen Mitmenschen. Er entspricht in diesem Fall dem klassischen Bild des verrückten Professors und wird von anderen nicht mehr ernst genommen. Beispiele für berühmte Menschen, die diesen Archetyp verkörpern, wären zum Beispiel Albert Einstein, Nicola Tesla, Leonardo da Vinci und Thomas Edison. Besonders am Beispiel von Nicola Teslas Lebensgeschichte lässt sich erahnen, dass es ihm nicht ausreichend gelang, seine Emotionen zu integrieren und somit auf einer bodenständigen Ebene zu arbeiten. Tesla verfügte über einen genialen Verstand, den man zurecht als Genie bezeichnen konnte, jedoch war er zeitlebens nicht in der Lage, eine notwendige Bodenständigkeit zu entwickeln. Sein Lebensstil war geprägt von Luxus, während er gleichzeitig immer unachtsamer wurde. So brannten mehrere seiner Labore durch Nachlässigkeit nieder, wobei auch seine Forschungsunterlagen vernichtet wurden. Die Löhne seiner Angestellten bezahlte er grundsätzlich nicht. Je weiter er seine Forschungen vorantrieb, desto weniger gelang es ihm, die Dinge, die er intuitiv verstand, in eine für andere nachvollziehbare Form zu bringen. Die Thesen, die er aufstellte, erschienen so immer esoterischer. Er wurde und wird bis heute von seinen Mitmenschen und auch anderen Wissenschaftlern nicht verstanden und somit auch nicht ernst genommen. Seine Arbeit, die der Menschheit eine bahnbrechende Entwicklung ermöglicht hätte, ging unter und wurde nicht weiterverfolgt.

Der Entdecker – Freiheit

Den Typ des Entdeckers zieht es hinaus in die weite Welt. Er will entdecken, erforschen, Neues ausprobieren und vor allem möchte er die Dinge mit eigenen Augen sehen. Sein Wesen ist geprägt von einer starken Rastlosigkeit und nur in Bewegung scheint er tatsächlich zur Ruhe zu kommen und in Einklang mit sich selbst zu sein. Unabhängigkeit ist deshalb für ihn ein wichtiges Lebensthema, denn wenn er ein Ziel hat, will er dieses auch verfolgen können. Dabei eingeschränkt zu sein, sei es durch Mitmenschen oder finanziellen Mangel, wäre für ihn unerträglich. Somit wird dieser Typ Mensch entweder seine Leidenschaft zu seinem Beruf machen oder sich eine Arbeit suchen, die ihm genügend finanziellen und zeitlichen Spielraum bietet. Ein berühmter Entdecker-Typ unserer Zeit wäre zum Beispiel Reinhold Messner, es gibt daneben noch zahlreiche YouTuber der unterschiedlichsten Sparten, die diesem Typus angehören. Sie haben ihre Leidenschaft zum Beruf gemacht, indem sie mit der Kamera unterwegs sind und ihre Abenteuer auf YouTube mit anderen teilen. Besonders im Bereich Lost Places und Bushcrafting finden wir diesen Menschentyp.

Beim Entdecker handelt es sich also um einen sehr lebensfrohen und energiegeladenen Menschen, mit ihm zusammen unterwegs zu sein, wird immer zum Abenteuer. Er ist auch ein sehr sozialer Mensch und sein Wesen ist meist von viel Charme geprägt, da er nicht nur umgänglich ist, sondern auch humorvoll. Jedoch findet sich hier eine seiner versteckten Schattenseiten: Er hat große Schwierigkeiten, Beziehungen mit echter Tiefe aufzubauen. Da ihm seine Leidenschaft über alles geht, hat sie auch immer oberste Priorität. Das führt immer wieder zu Unzuverlässigkeit, womit er seinen Freunden oder seiner Familie häufig das Gefühl gibt, nicht wichtig für ihn zu sein. Tatsächlich hat er auch nur oberflächliches Interesse an dem, was seine Mitmenschen bewegt und wie es ihnen geht. Der Entdecker hat zwar relativ guten Zugang zu seinen eigenen Emotionen, verliert sich jedoch darin, da er seinen Impulsen zu stark nachgibt.

Das Ausleben seiner Leidenschaft wird für ihn zum Adrenalinrausch und zur Sucht, darunter leiden seine empathischen und sozialen Fähigkeiten. Deshalb muss dieser Typ vor allem lernen, seine Impulse zu kontrollieren und mehr Geduld zu entwickeln. Die Entwicklung eines stabilen, sozialen Netzwerks und besserer sozialer Kompetenzen können dafür sorgen, dass er eine Basis aufbaut, zu der er nach seinen Abenteuern zurückkehren kann. Ohne diese Wurzeln wird er sich auf Dauer verlieren und keine charakterliche Tiefe mehr entfalten können.

Veränderung und Chaos

Der Rebell – Erneuerung

Für den Archetypen des Rebellen sind Regeln und Konventionen genauso ein rotes Tuch wie der Mainstream. Es liegt ihm im Blut, alles zu verabscheuen, was die Gesellschaft als „normal" betrachtet. Er empfindet die Welt und die Grundfesten der menschlichen Gesellschaft sowie ihre Werte und Normen als falsch. Dabei geht es dem Rebellen nicht darum, aus Prinzip dagegen zu sein, es ist fester Bestandteil seiner Natur und seiner Lebensaufgabe. Die Welt braucht den Rebellen dringend, denn es existieren immer Strukturen und Regeln, die tatsächlich unsinnig oder gar schädlich sind, und ohne Rebellen, die dagegen ankämpfen, könnte sich die Menschheit als Ganzes nicht weiterentwickeln. Jedoch hat der Rebell neben dieser übergeordneten, der Gesellschaft dienenden Lebensaufgabe auch noch eine auf persönlicher Ebene, die ebenso schwierig ist: Er muss lernen, anzuerkennen, dass es durchaus Regeln gibt, die Sinn ergeben. Da er jedoch mit der tiefen Überzeugung zur Welt kommt, nur auf sich selbst vertrauen zu können und im Grunde als Einziger den Weg zu kennen, kann er leicht zum Narzissmus tendieren. Darüber hinaus besteht für den Rebellen auch die Gefahr, sich in sinnlosen Kämpfen zu verstricken und somit gar nichts zu erreichen.

Ihm mangelt es meist an Besonnenheit, was eine gute Eigenschaft sein kann, wenn er gegen schwierige Umstände in der Gesellschaft kämpft. Genau diese Besonnenheit und die Fähigkeit, seine Impulse zu kontrollieren, benötigt er jedoch, um seine Kämpfe mit Weisheit auszuwählen. Gelingt es dem Rebellen nicht, diese Fähigkeiten in sich selbst zu kultivieren, kann seine befreiende Kraft schnell zerstörerisch und sinnlos werden, dann verliert er sich selbst in einem Strudel aus Gewalt. Hierin besteht die größte Gefahr für diesen Archetyp, denn er ist grundlegend bereit, so weit zu gehen, wie er es für notwendig empfindet. Dadurch entwickelt er leicht eine Doppelmoral, ohne es selbst zu bemerken. Er ist selbst bereit, Opfer zu bringen und notfalls sogar das eigene Leben für seine Überzeugung aufs Spiel zu setzen. Dadurch tendiert er aber dazu, diese Opferbereitschaft auch auf andere zu projizieren, wenn es für ihn um etwas Bedeutendes geht. Deshalb muss er lernen, sein Streben und seine Kämpfe in der Tiefe zu reflektieren und ein Gespür für tatsächliche Moral zu entwickeln.

Der Magier – Macht

Dieser Archetyp wird meist als der Zauberer bezeichnet, ich habe diese Bezeichnung jedoch aus einem ganz bestimmten Grund verändert. Ein Zauberer ist jemand, der Illusionen erzeugt, ein Magier hingegen wendet echte Magie an. Deshalb passt die Bezeichnung Magier weit besser auf diesen Archetypus, womit ich allerdings nicht sagen will, dass er tatsächlich die Magie beherrscht. Vielmehr hat der Archetyp des Magiers eine Wahrnehmungsfähigkeit, die weit über jener der anderen hinausgeht. Er nimmt Dinge wahr, die den allermeisten Menschen verborgen bleiben, und darin liegt seine größte Macht. Denn seine besonderen Fähigkeiten enden nicht bei der Wahrnehmung, sondern er ist auch in der Lage, diese auf eine Ebene zu bringen, die sie für andere verstehbar und sichtbar macht. Zudem verfügt er über enorme Tatkraft und die Fähigkeit, sein durch die erhöhte Wahrnehmung erlangtes Wissen zu nutzen, um daraus etwas Neues von

Bedeutung zu erschaffen. Somit verfügt er auch über eine stark ausgeprägte Kreativität. Seine Lebensaufgabe ist es, die Menschheit weiter voranzubringen auf ihrem Erkenntnisweg. Dies kann sich auf sämtliche Wissensebenen beziehen. So muss er nicht zwangsläufig ein Mensch der Wissenschaften sein, viele Menschen dieses Archetyps bewegen sich auch innerhalb der Welt der Geisteswissenschaften oder der Spiritualität. Dies ist eben ihrer erweiterten Wahrnehmung geschuldet.

Tatsächlichen Nutzen für sich und andere aus seinen Begabungen zu ziehen, wird dem Magier jedoch nicht in die Wiege gelegt. Stattdessen muss er sich das hart erarbeiten. Als Mensch erscheint er seiner Umwelt seltsam und unnahbar und bevor er sich entwickelt hat, wird er nicht verstanden. Somit wird er schon früh in eine Außenseiterrolle gedrängt und macht meist bereits in jungen Jahren sehr schwierige Erfahrungen, die ihn prägen. Das gesamte Leben des Magiers ist eine einzige Prüfung, er muss sich zunächst selbst finden und dann lernen, sich in seiner Besonderheit anzunehmen und zu akzeptieren. Gelingt ihm dies, findet er in eine harmonische innere Balance, die es ihm ermöglicht, sich seinen Mitmenschen endlich verständlich zu machen. Dann kann er seine Lebensaufgabe erfüllen. Da er auf diesem Weg jedoch gegen unzählige Widrigkeiten ankämpfen muss, ist die Gefahr, daran zu zerbrechen, für den Typ des Magiers relativ groß.

Der Held – Reinigung

Dieser Archetyp wird in der Literatur meist viel zu einseitig betrachtet, denn der Name ist Programm. Er ist ein Kämpfer für das Gute und Richtige und Beschützer der Schwachen. Dabei zeichnet er sich durch besonderen Mut, enorme Stärke und Belastbarkeit sowie durch große Tapferkeit aus. Doch ähnlich wie der Magier muss der Held diese Eigenschaften erst entwickeln und dies wird ihm nicht leicht gemacht. Sein Wesen ist von Geburt an von einer inneren Zerrissenheit geprägt, denn das Streben nach Gerechtigkeit gehört zu seinen angeborenen

Werten. Dabei erlebt er jedoch bereits während des Aufwachens fast nur Gegenteiliges und ist oft selbst das Opfer. Dies wirkt wie Treibstoff für seinen lebenslangen Kampf für das Gute, hinterlässt aber auch seine Spuren in seiner Seele. Früh lernt er, das Böse im Menschen zu verstehen, und erlangt dadurch besonderen Zugang zu seinen eigenen, inneren Dämonen. Bevor er tatsächlich seinen Kampf nach außen, in die Welt, verlagern und damit auch Erfolg haben kann, muss er deshalb zunächst diesen Kampf in sich selbst austragen.

Dieser innere Kampf nimmt beim Helden gigantische Ausmaße an, denn er versucht tatsächlich, alles Schlechte in ihm auszumerzen. Da dies ein aussichtsloser Kampf ist, beraubt sich der Held seiner Energie und fällt dadurch meist Abhängigkeiten auf sozialer Ebene zum Opfer. Er braucht andere, um sein Leben überhaupt bewältigen zu können, wird dabei aber wieder ständig enttäuscht. Seine Lebensaufgabe liegt darin, zu erkennen, dass wir alle Licht und Schatten in uns haben. Es geht nicht darum, die Dämonen zu töten, dies ist unmöglich, das Ziel ist, sich ihrer gewahr zu werden, um in der Lage zu sein, sie zu kontrollieren. Schafft es der Held, diese Lektion zu verinnerlichen und umzusetzen, gewinnt er dadurch eine Menge Energie zurück, die er zuvor in seinen sinnlosen inneren Kämpfen verloren hat. Dadurch kann er sich endlich auf sich selbst besinnen und wahre Autonomie entwickeln. Erst dann wird der Held in der Lage sein, seine positiven Eigenschaften zu entfalten und sich innerhalb seiner Welt für das Gute einzusetzen.

Nähe und Verbindung

Der Liebende – Intimität

Für den Archetypen des Liebenden geht es vor allem um Beziehungen, denn auch hier ist der Name Programm. Jedoch wird auch dieser Typ in den meisten Fällen zu einseitig gesehen. Davon abgesehen, dass jeder Archetyp auch seine Schattenseiten hat, die es zu transformieren gilt, sind es nicht nur Beziehungen, die das Wesen und Streben des

Liebenden prägen. Zunächst einmal geht es ihm nämlich nicht nur um Liebesbeziehungen. Liebe ist allumfassend und hat unendlich viele Gesichter und damit kommen wir der Lebensaufgabe dieses Typus bereits viel näher. Der Liebende muss Wege finden, die reine, bedingungslose Liebe, die Grundlage seines Wesens ist, in die Welt zu tragen. Da dieser Typ bereits mit einem offenen Herzen voller Liebe geboren wird, sind Enttäuschungen und Verletzungen in seinem Leben schon vorprogrammiert. Hier besteht schon die erste Gefahr auf dem Entwicklungsweg, nämlich das Herz aus Enttäuschung und Schmerz zu verschließen und so vom Weg abzukommen. Eigentlich scheint alles, was dem Liebenden in seinem Leben widerfährt, genau das zum Ziel zu haben. Nicht nur, dass dieser Typ ständig verletzt und enttäuscht wird, wenn er Liebe gibt, er sieht und erkennt auch immer mehr, dass wahre Liebe in dieser Welt keinen Platz zu haben scheint.

Gleichgültig, ob es sich um partnerschaftliche, freundschaftliche oder familiäre Liebe handelt, um die Liebe zur Menschheit im Allgemeinen, die Liebe zur Natur oder zu Tieren, überall auf der Welt wird diese falsch verstanden, falsch gelebt und mit Füßen getreten. Da der Liebende jedoch tatsächlich bedingungslose Liebe in seinem Herzen trägt und dementsprechende Werte und Ideale hat, tendiert er diesbezüglich zu einer extrem polarisierten bzw. einseitigen Wahrnehmung. Je mehr negative Erfahrungen er macht, desto mehr ist er nur noch in der Lage, das gegenteilige Extrem der Liebe in der Welt zu sehen. Deshalb kommt jeder Liebende in seinem Leben an einen Punkt, an dem er eine Entscheidung treffen muss. Bricht er unter dem Druck zusammen und passt sich an oder entscheidet er sich dafür, die eigenen, inneren Werte ab sofort noch mehr in sich zu nähren und der Welt ein Beispiel zu sein?

Wenn der Liebende es schafft, sich zugunsten der Liebe zu entscheiden, wird er dadurch eine enorme Charakterstärke entwickeln. Dann wird er zum treuesten und loyalsten Freund, zum zärtlichsten Liebhaber, zum fürsorglichsten Elternteil, den die Welt je gesehen hat.

Auch über seine zwischenmenschlichen Beziehungen hinaus werden sein Handeln und seine Entscheidungen dann immer von allumfassender Liebe geprägt sein. Gibt er jedoch dem äußeren Druck nach und entscheidet sich, den Glauben an die Liebe aufzugeben und sein Herz zu verschließen, verfällt er seinem Schatten. Dann wird er hart und emotional starr und unnahbar. Er wird sich mehr und mehr isolieren und einer tiefen Verbitterung verfallen. Dadurch verlieren auch seine hohen moralischen Werte zusehends an Kraft und er beginnt sogar, andere zu seinem persönlichen Vorteil auszunutzen und zu manipulieren.

Der Künstler – Bindungsfähigkeit

Dieser Archetyp wird in der Literatur oft als Schöpfer bezeichnet und dabei fast identisch beschrieben wie das intellektuelle Genie alias der Weise. Doch wie so oft wird er auf diese Art zu einseitig betrachtet und sein tatsächliches Potenzial sowie seine Lernaufgaben werden nicht vollständig erkannt. Im Grunde sind diese beiden Archetypen nämlich sehr gegensätzlich und verfügen über weit weniger Gemeinsamkeiten. Was beiden zugrunde liegt, ist das Streben nach Erkenntnis und dem Verständnis der Existenz. Jedoch ist der Künstler mit seinen Emotionen verbunden, auch wenn diese ihm so manchen inneren Kampf abringen. Die Emotion ist der Antrieb des Künstlers, denn er begreift die Welt auf einer tieferen, emotionalen Ebene. Das Genie hingegen erkennt lediglich rationale Fähigkeiten und Betrachtungsweisen an und muss den Umgang mit Emotionen erst erlernen. Beide Archetypen bringen Großes hervor, wenn sie ihre spezifischen Lernaufgaben erfüllt haben, doch sind nicht nur ihre Lernaufgaben gegenteilig, sondern auch ihre Motivation, Dinge zu erschaffen. Das Genie will die Welt verstehen lassen, was er selbst erkannt hat, und sie so verändern. Der Künstler fühlt sich in seiner Wahrnehmung und Empfindung der Welt unverstanden. Deshalb ist seine Motivation weniger, die Welt voranzubringen, um ihr etwas Bestimmtes verständlich zu machen. Im Grunde möchte er, dass die Welt ihn versteht. Da er, genau wie das Genie, Dinge erkennen kann, die für andere verborgen bleiben, mag das Ergebnis das Gleiche sein, doch ist es für den Künstler unerlässlich, seine tatsächliche Motivation zu erkennen.

Gelingt es ihm nicht, verstanden zu werden, wird er zunehmend frustriert und daran verzweifeln. Seine Schöpfungen können dann noch so großen Anklang finden, sein eigentliches Bedürfnis wird dadurch nicht erfüllt. Das Gefühl, nicht verstanden zu werden, ist dabei nicht nur subjektiv, denn er ist in sich einzigartig und weicht stark von der Norm ab. Was er tatsächlich braucht, ist jedoch etwas anderes: Verbindung. Die Kreativität und der Schaffensdrang, die den Künstler vorantreiben, verleiten ihn zu stark dazu, seine gesamte emotionale Energie auf seine Arbeit zu konzentrieren. Tiefe und intime Beziehungen sind jedoch für ihn unerlässlich, um eine innere Balance zu finden. Der Künstler hat allerdings das Gefühl, der Aufwand, solche Bindungen aufzubauen, wäre zu hoch und würde ihm die Energie für seine eigentliche Berufung rauben. Das Problem an dieser Misere ist, dass der Künstler dermaßen begabt ist, dass seine Werke die Welt auf jeden Fall erreichen und beeinflussen werden. Diese Werke spiegeln jedoch seine innere Einstellung und seinen emotionalen Zustand wider.

Ist er nicht im Gleichgewicht und gibt sich eher seinen dunklen Gedanken und Trieben hin, werden seine Schöpfungen so auch diese Seite der Welt verstärken, eben da sie über so großen Einfluss verfügen. Deshalb braucht er intime Beziehungen, die ihm helfen, das Gute in sich zu nähren und seine menschlichen Bedürfnisse zu erfüllen. Somit liegt vor seiner eigentlichen Lebensaufgabe, der Welt durch seine Schöpfungen zu dienen, die Aufgabe, Bindungsfähigkeit zu meistern und seine tiefe Emotionalität auch auf andere Weise leben zu lernen als nur durch seine Arbeit.

Die Waise – Zugehörigkeit

Der Archetyp der Waisen ist nicht zu verwechseln mit dem Weisen, den ich in Form des intellektuellen Genies bereits vorgestellt habe. In der Literatur wird dieser Typ meist als „der Jedermann" bezeichnet und nur selten als die Waise. Da der Jedermann meiner Ansicht nach jedoch, wie so viele Archetypen, viel zu oberflächlich betrachtet wird, bevorzuge ich die Betrachtung dieses Typus aus Sicht der Waisen. Schaut man nämlich lediglich auf den Typen des Jedermann, sieht man nur einen überangepassten Menschen, der nach Zugehörigkeit strebt und beinahe bindungssüchtig ist. Dieser Typ zeichnet sich aus durch eine hohe Loyalität und politische Korrektheit. Er ist der unauffällige Normalverbraucher mit einem hohen sozialen Gewissen, der ansonsten recht unauffällig daherkommt – deshalb die Bezeichnung Jedermann. Er mag es nicht, aufzufallen oder mit seiner Meinung aus dem gesellschaftlich akzeptierten Rahmen zu fallen. Diese Eigenschaften machen jedoch lediglich die Oberfläche dieses Archetyps aus und offenbaren weder deren Hintergründe noch seine Lebensaufgabe.

Was die Waise zum Jedermann macht, ist ihre Lebensgeschichte. Dieser Archetyp erfährt bereits in jungen Jahren viel Ungerechtigkeit und Verlust und trägt dadurch zahlreiche Wunden in seinem Herzen, die er nicht heilen konnte. Er fühlt sich vom Leben betrogen und ist von daher beispielhaft für die gelebte Opferrolle. Sein Drang, nicht aufzufallen, wird geboren aus seiner Angst, weiteren Schaden durch andere zu erleiden. Seine Überangepasstheit besteht lediglich zur Tarnung, denn er möchte als guter Mensch dastehen. Auch dies dient jedoch wieder nur dem eigenen Schutz, seine wahren Ansichten verbirgt dieser Typ. Er ist zutiefst davon überzeugt, niemand könnte ihn so annehmen und lieben, wie er wirklich ist. So identifiziert sich die Waise zunehmend mit der Opferrolle und umgibt sich am liebsten mit Gleichgesinnten. Da dieser Typ über so gut wie kein Selbstvertrauen verfügt, macht er sich außerdem stark abhängig von anderen Menschen. Dies verstärkt die Motivation, sich um jeden Preis anzupassen, nur noch mehr.

Die Lebensaufgabe dieses Archetyps besteht somit darin, aus der Opferrolle auszusteigen und in die Eigenverantwortung zu kommen. Dafür muss zunächst erkannt werden, dass das Leben zwar hart und ungerecht sein kann und es häufig auch ist, dies jedoch nicht persönlich genommen werden darf. Da die Waise sich als Versager fühlt und deshalb nicht an sich glaubt, muss sie Ich-Stärke und Selbstvertrauen entwickeln, lernen, sich abzugrenzen, und dann das Leben in die eigene Hand nehmen. Für diesen Archetypen geht es somit zeitlebens darum, sein eigenes Ich zu entdecken und immer mehr dazu zu stehen, bis wahre Selbstliebe entsteht.

Struktur und Ordnung

Der Helfer – Heilung

Der Archetyp des Helfers wird häufig auch als Pfleger bezeichnet, sein Name ist Programm. Er ist ständig damit beschäftigt, diejenigen, die er liebt oder für die er sich verantwortlich fühlt, zu beschützen und zu umsorgen. Meist wird er als jemand verstanden, der sich selbst überlegen fühlt und deshalb anderen nicht zutraut, ihre Probleme und Kämpfe selbst zu lösen und auszutragen. Doch könnte die Wahrheit kaum weiter von dieser Einschätzung entfernt sein. In gewisser Weise verfügt der Helfer zwar tatsächlich über eine Überlegenheit gegenüber anderen, jedoch nimmt er diese nicht wirklich bewusst wahr. Da diese entstand, weil er selbst große Schwierigkeiten überwinden oder Bedrohungen standhalten musste, ohne sich diesen Herausforderungen gewachsen zu fühlen, hat er das Gefühl, es nur durch Glück oder die Hilfe anderer geschafft zu haben. Seine eigene Stärke ist ihm nur dann bewusst, wenn er sie für andere einsetzen kann, bei sich selbst erzeugt sie einen blinden Fleck.

Der Helfer ist fokussiert auf das Gefühl der Überforderung durch Herausforderungen oder Bedrohungen. Er weiß nur zu gut, wie es sich anfühlt, solchen Situationen ausgesetzt zu sein. Seine eigenen Erfahrungen waren meist traumatischer Natur und haben ihn geprägt. Da er über starke Empathie und eine ausgeprägte Liebe zur Menschheit verfügt, kann er es nicht ertragen, wenn andere solchen Situationen ausgesetzt sind. So rettet er im Grunde nicht die anderen, sondern er tut dies stellvertretend für sich selbst. Im Grunde seines Wesens sehnt er sich danach, selbst gerettet und beschützt zu werden, weiß aber nicht, wie er das bewerkstelligen soll. Auf diese Weise entstehen Ersatzhandlungen, bei denen die eigene Hilfsbedürftigkeit auf andere projiziert wird. Der Helfer muss deshalb zunächst bewusst erkennen, dass er selbst verletzt ist und dass er derjenige ist, der die Hilfe und den Schutz benötigt. Er muss lernen, seine Wunden selbst zu heilen und gleichzeitig seine eigene Stärke zu erkennen. Er hat vieles überlebt und dies nicht nur durch die Hilfe anderer, sondern vor allem durch eigene Fähigkeiten und Widerstandskraft. All das, wovon er glaubt, es fehle ihm für seine eigene Rettung, ist bereits in ihm, denn er kann es ja problemlos für andere einsetzen.

Erst, wenn der Helfer es schafft, durch Bewusstwerdung seine Wunden zu heilen und die eigenen Stärken anzuerkennen und zu integrieren, kann er diese tatsächlich zum Nutzen anderer einsetzen. Solange dies nicht geschieht, wird er anderen eher schaden, da er ihnen die Möglichkeit nimmt, sich selbst behaupten zu lernen. Ergibt sich der Helfer seinen Schatten und bleibt er unbewusst, kann er zu einem sogenannten Helikopter-Elternteil werden, der seine Kinder überbehütet und ihnen somit kein persönliches Wachstum ermöglicht. Hat er keine Kinder, wird er dieses Muster auf alle anderen in seiner Umgebung anwenden. Seine Liebe ist erstickend und hemmt jegliches Wachstum.

Der Herrscher – Werte und Moral

Der Archetyp des Herrschers ist von Natur aus besonders scharfsinnig und verfügt über eine extreme Auffassungs- sowie Beobachtungsgabe. Er erkennt tieferliegende Zusammenhänge und die Motivationen anderer Menschen instinktiv und kann Situationen so nicht nur sehr gut einschätzen, sondern findet auch mit Leichtigkeit Lösungen. Hinzu kommen ein ausgeprägtes Selbstbewusstsein und der unerschütterliche Glaube an sich selbst. Daraus geboren wird seine naturgegebene Dominanz, er ist der geborene Führer, sei es als Teamleiter inoffiziell innerhalb seines sozialen Umfelds oder sogar auf politischer Ebene. Ein Herrschertyp wird allein durch seine Begabungen eher früher als später in eine Machtposition gelangen und genau dort beginnt die eigentliche Herausforderung für ihn, denn Macht korrumpiert. Das Streben nach Kontrolle und Führung wird beim Herrscher zwar genährt aus seinem sozialen Verantwortungsbewusstsein, jedoch wird er in Versuchung geführt, sobald er eine solche Position erreicht. Was ihm nämlich fehlt, sind stabile eigene Werte, diese übernimmt er zunächst lediglich aus der Gesellschaft, ohne diese jemals reflektiert zu haben. Deshalb kann er diese Wertvorstellungen auch sehr leicht korrumpieren, wenn er sich dadurch selbst Vorteile schaffen kann.

Erst durch Erfahrung kann er lernen, die Folgen von Doppelmoral und instabilen Wertvorstellungen zu erkennen und aus diesen Erfahrungen heraus stabile eigene Moral- und Wertvorstellungen zu entwickeln, die er nicht mehr verraten wird. Damit ihm dies gelingen kann, muss er vor allem seine empathischen Fähigkeiten ausbauen, die ihm zunächst beinahe vollständig fehlen. Nur indem er die Gefühle anderer Menschen erkennen und verstehen kann, werden ihm die Folgen seines Handelns und seine tatsächliche Verantwortung bewusst. Auch seine eigenen Emotionen kennt der Herrscher kaum und kann sie noch weniger kontrollieren. Er ist besonders anfällig für Wut und muss lernen, diese zu kanalisieren, damit sie sich nicht eigene Kanäle sucht und Zerstörung über jene bringt, die er anführt.

Der Narr – Sensibilität

Der Archetyp des Narrens ist geprägt von Feinsinnigkeit und Leichtigkeit, die er in die Welt tragen will. Er ist äußerst sensibel für die Emotionen seiner Mitmenschen und dabei kaum in der Lage, negative Stimmungen zu ertragen. In seinem Herzen trägt er eine immense Liebe zum Leben an sich und einen starken Drang nach Harmonie. Gerät diese in Gefahr, wird dies vom Narren kompensiert, indem er versucht, davon abzulenken. Dies bewerkstelligt er äußerst geschickt, indem er seine Feinsinnigkeit nutzt, den Humor in der aktuellen Lage zu erkennen und für andere sichtbar zu machen. Somit ist der Narr der typische Klassenclown und Entertainer und häufig eine unerkannte HSP[18], also eine hochsensible Persönlichkeit. Lernt der Narr nicht, mit seiner erhöhten Sensibilität angemessen umzugehen, ist er stark gefährdet, sich immer mehr zurückzuziehen und zum Eigenbrötler zu werden. Dann verliert er auch immer mehr seinen natürlichen Sinn für Humor und seinen Blick für das Schöne und ergibt sich stattdessen den eigenen, finsteren Gedanken.

Deshalb besteht seine Lebensaufgabe zunächst einmal darin, zu lernen, mit der eigenen Sensibilität umzugehen und sich abzugrenzen. Autonomie und Ich-Stärke sind für ihn die wichtigsten Lernaufgaben, um seiner eigentlichen Bestimmung eines Tages nachkommen zu können. Diese findet sich darin, der Welt Leichtigkeit zu schenken. Der Narr ist vergleichbar mit einem Bombenentschärfungskommando: Wo immer die Situation aufgrund zu hoher Spannung durch Wut oder andere negative Emotionen außer Kontrolle zu geraten droht, braucht es sein natürliches Talent, diese Emotionen zu besänftigen. Dies kann auch häufig auf eigene Kosten geschehen, deshalb ist es so wichtig, dass der Narr lernt, in sich zu ruhen. Auf welcher Ebene er seine Fähigkeiten dann einsetzt, also im großen Stil auf gesellschaftlicher

---

[18] **HSP:** Hochsensible Persönlichkeit; Menschen, deren Wahrnehmung filterlos funktioniert; dadurch wird eine stark erhöhte Wahrnehmung erzeugt, die häufig zur Reizüberflutung und Überforderung führt

Ebene oder „nur" im persönlichen Bereich, spielt für den Narren keine Rolle. Seine Talente werden immer und überall gebraucht und sind auf jeder Ebene wertvoll.

DER PRAKTISCHE NUTZEN: ARBEIT MIT DEN ARCHETYPEN

Im letzten Kapitel habe ich bereits angedeutet, wie ein tieferes Verständnis der Archetypen uns auf unserem Weg der Persönlichkeitsentwicklung helfen kann. Ganz praktisch bedeutet das nicht nur, den Individuationsprozess voranzutreiben und somit zu mehr Authentizität und innerer Harmonie zu gelangen. Es bedeutet auch, die alltäglichen Probleme und Herausforderungen, die das Leben mit sich bringt, besser bewältigen zu können. Sämtliche möglichen Konflikte oder Probleme im Leben sind geprägt von einer bestimmten archetypischen Energie. Wer in der Lage ist, diese Grundenergie zu erkennen, kann sie durch nähere Analyse auch einem Archetypus zuordnen und auf diese Weise die Lernaufgabe erkennen, die sich hinter dem Problem verbirgt. Dabei gibt es, je nach Situation, unterschiedliche Herangehensweisen, das Wissen um die Archetypen nutzen zu können.

So ziemlich jeder wird das folgende Beispiel kennen: Es gibt im Leben bestimmte Situationen oder Probleme, die sich ständig wiederholen. Meist braucht es drei bis vier Wiederholungen, bevor ein solch wiederkehrendes Muster bewusst wird, doch spätestens dann sollte man sich die Zeit nehmen, darüber zu reflektieren, was dahintersteckt. Wann immer wir uns in einem solchen Muster wiederfinden, haben wir nämlich eine Lernaufgabe entdeckt, an der wir bisher gescheitert sind. Die archetypische Energie in diesem Muster kann uns nun zeigen, worum es geht und wie wir das Muster beenden können. Ein solches Muster tritt in den Leben vieler Menschen auf, dabei geht es häufig um Beziehungskonflikte. Man zieht immer wieder den gleichen Partnertyp in sein Leben, geht eine Beziehung mit ihm ein, trifft jedes Mal auf die gleichen Probleme und die Beziehung scheitert aus den gleichen Gründen. Nimmt man sich nun die Zeit, das Muster zu analysieren, kann man sich der Lernaufgabe bewusst stellen. Verdeutlichen wir das einmal am Beispiel einer jungen Frau, die wir Maria nennen. Sie ist 30 Jahre alt und ihr bisheriges Leben verlief alles andere als leicht.

Die Familie, in der sie aufwuchs, bot ihr als Kind keinerlei Halt, ihre Eltern waren Alkoholkranke, wenn Maria von ihnen nicht ignoriert und aufs Schmerzlichste vernachlässigt wurde, erfuhr sie körperliche Gewalt von ihnen. So lernte sie, sich möglichst unsichtbar zu machen, um sich sicher zu fühlen. Gleichzeitig entwickelte sie niemals Selbstvertrauen und wird so bis heute geprägt von einem ständigen Gefühl der Unsicherheit und Angst, etwas falsch zu machen. Dementsprechend gerät sie ständig in Situationen, die sie überfordern, was ihr nur noch mehr das Gefühl gibt, sie wäre allein nicht in der Lage, das Leben zu bewältigen. So sucht sie, ohne dass es ihr bewusst ist, nach einem starken Partner, der sie beschützt und ihr helfen kann, mit ihrer ständigen Überforderung zurechtzukommen. An dieser Stelle wird wohl offensichtlich, dass Maria den Archetypen der Waise repräsentiert. Ihr hohes Schutz- und Hilfebedürfnis zieht damit den Archetypen des Helfers geradezu magisch an, da es sich hier um ein „Schlüssel-Schloss-Prinzip" handelt. Was die Waise braucht, will der Helfer geben. Das Problem dabei ist jedoch, dass beide im Grunde das Gleiche brauchen, denn auch der Helfer ist verletzt und unsicher. Er verfügt zwar über die Fähigkeiten, die der Waise fehlen, muss genau dies jedoch erst einmal erkennen.

Die Männer, an die Maria auf ihrer Partnersuche gerät, entsprechen nun immer diesem Archetypus, dem Helfer. Zu Beginn gestalten sich ihre Beziehungen auch immer hochromantisch und beiden Beteiligten kommt es vor wie ein wahr gewordener Traum. Doch dauert es nie lang, bis sich eine seltsame Energie in der Beziehung auszubreiten scheint. Der Helfer wird ständig von Marias Hilfsbedürftigkeit getriggert, denn im Grunde spiegelt sie ihm seinen eigenen, unbewussten Seelenzustand wider. Da er nicht versteht, was da geschieht, empfindet er Maria als immer anstrengender und verstärkt so seine Bemühungen, sie zu beschützen und ihr so viel wie möglich abzunehmen. Dies geht so weit, bis er Maria als Belastung empfindet, da er seine eigenen Wunden immer stärker spürt. Maria auf der anderen Seite fühlt sich ebenfalls zunehmend unzufriedener, denn obwohl ihr Partner genau das tut, was sie sich von ihm wünscht, fühlt sie sich immer eingesperrter. Einerseits will sie sich ihren Herausforderungen nicht stellen, andererseits gibt ihr das Verhalten ihres Partners das Gefühl, er würde ihr noch weniger zutrauen als sie sich selbst. Die gegenseitige Unzufriedenheit steigert sich auf diese Art, bis die Beziehung daran zerbricht. Dann sind beide erneut verletzt, was bei der Waisen dafür sorgt, dass sie schnellstmöglich einen neuen Retter/Helfer braucht. Der Helfer will sich schnellstmöglich von seinen eigenen, unverstandenen negativen Emotionen ablenken und sucht sich eine neue Waise und der Kreislauf beginnt für beide von vorn.

Gehen wir nun davon aus, dass Maria eines Tages bewusst wird, dass all ihre Beziehungen nach dem gleichen Schema beginnen, ablaufen und enden. Wenn Maria bereit ist, an ihrer Bewusstseinsentwicklung zu arbeiten und dabei auf die Thematik der Archetypen stößt, kann sie ihr Muster durchbrechen. Indem ihr bewusst wird, dass sie dem Typ der Waisen entspricht und ihre Partner dem Typ des Helfers, kann sie erkennen, welche Lernaufgaben hinter dieser Erfahrung stecken. Sie muss lernen, ihr Leben selbst in die Hand zu nehmen sowie Selbstvertrauen, eigene Ideale und Wertvorstellungen zu entwickeln, hinter denen sie steht. Dies ist die einzige Art und Weise, wie sie aus ihrem Beziehungsmuster ausbrechen kann – die Verantwortung für ihr Leben selbst in die Hand nehmen, statt diese weiterhin auf ihre Partner zu projizieren. Würde sie innerhalb einer Beziehung auf diese Erkenntnis stoßen, wäre es unter Umständen sogar möglich, dass auch ihr Partner, der Helfer, davon profitieren und seinerseits aus seinem Muster aussteigen könnte. Dies könnte geschehen, indem sie ihm hilft, sich diese bewusst zu machen, die dahinter liegenden Lernaufgaben zu verstehen und diese anzunehmen.

Kommen wir zu einem weiteren Beispiel, welches den meisten bekannt sein dürfte: klassische Erziehungskonflikte. Diese Art von Konflikt entsteht meist dann, wenn Kinder in die Pubertät kommen und damit die Entwicklungsphase der Jugend beginnt. Jugendliche repräsentieren zu einem großen Anteil den Archetyp des Rebellen, denn für sie ist es in dieser Phase am wichtigsten, eine eigene Persönlichkeit auszubilden und Autonomie zu entwickeln. Dazu ist es schlichtweg notwendig, gegen Grenzen zu rebellieren, indem man sich über diese hinwegsetzt. Die Eltern auf der anderen Seite stehen in der Pflicht und der Verantwortung, ihre Kinder bestmöglich zu beschützen. Finden sie dabei keinen Weg, dieser Verantwortung nachzukommen, ohne den Jugendlichen in seiner Persönlichkeitsentwicklung einzuschränken, switchen sie automatisch in die Rolle des Herrschers. Zur Erinnerung: Der Herrscher meint es gut und verfügt auch über die notwendigen Fähigkeiten, andere anzuführen, jedoch ist er zu stark von seiner Überlegenheit überzeugt und hat zudem die Aufgabe, eigene Wertvorstellungen auszubilden, um nicht in eine Doppelmoral zu verfallen.

Sind die Eltern sich dieser Tatsachen unbewusst, wird genau das geschehen, was ich im Kapitel über den Herrscher bereits beschrieben habe. Je mehr der Jugendliche rebelliert, desto mehr triggert das die Wut, die zum Wesen des Herrschers gehört. Dadurch lässt sich der Herrscher immer stärker von seiner Macht korrumpieren und bemerkt nicht einmal, dass er beginnt, eine Doppelmoral zu leben. Welcher Elternteil hat noch nicht von seinem Jugendlichen den Ausspruch gehört: „Das ist unfair!" Die gleichen Rechte, die von den Eltern für sich beansprucht werden, gelten nicht für den Jugendlichen. Dabei wird aber meist nicht differenziert, ob es dafür angemessene Gründe gibt, und wenn diese existieren, werden sie nicht ausführlich diskutiert. Damit Jugendliche autonom werden können, ist es notwendig, sie in Entscheidungsprozesse mit einzubeziehen, ihnen ein Stimmrecht zu geben.

Grenzen müssen vorrangig dem Schutz des Jugendlichen dienen, insbesondere solche, die den Jugendlichen in seiner Persönlichkeitsentfaltung hemmen. Keinesfalls dürfen Grenzen gesetzt werden, die lediglich die Autorität der Eltern demonstrieren sollen. Deshalb müssen Grenzen von den Eltern hinterfragt werden.

„Warum besteht diese Grenze?“ Gibt es auf diese Frage keine vernünftig nachvollziehbare Antwort, sondern lediglich ein „Weil ich das so will!“, haben die Eltern die Lernaufgaben des Herrschers nicht angenommen und sind stattdessen dem Machtmissbrauch verfallen. Damit fordern sie es geradezu heraus, dass Jugendliche noch stärker in die archetypische Rebellenenergie fallen. Immer dann, wenn es um die Erziehung von Kindern geht, sind bestimmte Archetypen auf jeden Fall involviert. Je jünger die Kinder sind, desto eher repräsentieren sie zum Teil den Unschuldigen, und je älter sie sind, desto mehr den Rebellen. Die Eltern repräsentieren immer zu einem großen Teil den Herrscher. Das bedeutet auf der anderen Seite nicht, dass alle Kinder nur der Unschuldige, alle Jugendlichen nur der Rebell und alle Eltern nur der Herrscher sind. Ich erwähnte bereits, dass wir sämtliche Archetypen in uns tragen, dabei repräsentieren wir mal mehr den einen, mal mehr den anderen. Oftmals vereinen wir sogar die Energien, Eigenschaften und Fähigkeiten mehrerer Archetypen gleichzeitig. Es ist wichtig, diese Tatsache im Hinterkopf zu haben, denn Konflikte entstehen immer dann, wenn sich archetypische Energien aneinander reiben oder sich gegenseitig behindern.

Nehmen wir als Beispiel einen Jugendlichen, dessen wahres Wesen am stärksten vom Archetypen des Liebenden geprägt ist. Sein Herz quillt über vor Liebe für alle und jeden und er trägt diese offenherzig in die Welt hinaus. Der Vater ist am stärksten geprägt vom Typen des intellektuellen Genies, er kann mit Gefühlen nicht gut umgehen und nimmt diese auch nicht ernst. Seiner Ansicht nach muss sein Sohn also lernen, seine Gefühle zu unterdrücken, und sich stattdessen darauf konzentrieren, Logik und Rationalität in sich zu verstärken. Die Mutter repräsentiert den Typ des Helfers und ist dabei so unbewusst, dass sie zur Helikoptermutter geworden ist. Sie sieht nur die emotionale Gefahr, in die ihr Sohn sich durch sein offenes Herz ständig begibt, und will ihn davor beschützen, verletzt zu werden. Die eigentliche Aufgabe der Eltern wäre es nun, ihren Sohn zu ermutigen, seinen Gefühlen vertrauen zu lernen, während sie ihm gleichzeitig beibringen, Menschen und Situationen korrekt einzuschätzen. Wenn er verletzt wird, müssen sie ihm zeigen, wie er seine Gefühle regulieren kann, und ihm helfen, sein Herz nicht zu verschließen. Doch in unserem Fall wird die Mutter eher dafür sorgen, dass er gar nicht erst verletzt wird, indem sie einfach nicht zulässt, dass ihr Sohn engere Bindungen aufbaut.

Das wird im Sohn die Energie des Rebellen wachrufen, denn er braucht diese Energie nun, um sich durchzusetzen und seinen eigenen Weg gehen zu können. Wird er dann tatsächlich verletzt, hat er keine Chance, daran zu wachsen, denn der Vater wird dies nur als Bestätigung dessen betrachten, was er seinem Sohn zu vermitteln versucht: „Verschließe dein Herz, Gefühle sind nicht vertrauenswürdig!" Die Mutter wird ihn daraufhin noch mehr einengen und alles dafür tun, ihn vor weiteren Verletzungen zu bewahren. So fühlt sich der Jugendliche immer bedrängter und die Energie des Rebellen wird immer stärker. An einem gewissen Punkt kommen die Eltern nicht mehr weiter und sind gezwungen, sich in die Energie des Herrschers zu bewegen, die mit der Zeit ebenfalls immer stärker und negativer wird. Statt ihre eigenen Lernaufgaben zu erkennen und die Herausforderungen, die das Wesen ihres Sohnes ihnen bietet, anzunehmen, bleiben sie unbewusst und der Konflikt spitzt sich immer weiter zu. Am Ende hat niemand gewonnen, denn jeder verstrickt sich nur immer tiefer in die archetypischen Rollen, ohne zu erkennen, wie sie deren Energie für sich auf eine sinnvolle Weise nutzen können. Diese Beispiele sollten deutlich gemacht haben, wie wichtig die Bewusstseinsentwicklung und damit Jungs Individuationsprozess sowie die Archetypen tatsächlich sind. Egal, um welches Problem oder welchen Konflikt es sich im Leben auch handeln mag, es stecken immer archetypische Energien darin, die gleichzeitig den Schlüssel zur Lösung in sich tragen. Es existiert keine menschliche Erfahrung, keine Problemstellung, die nicht schon von unzähligen Individuen gemacht wurde. Auf diese Weise sind die archetypischen Formen ja erst entstanden. Alles, was wir also benötigen, um unser Leben und unseren Weg erfolgreich zu gestalten, ist das Wissen über diese Archetypen und den Willen zur (Selbst-) Reflexion. Um zum letzten Beispiel der Familie mit dem Erziehungskonflikt zurückzukehren, könnten die Eltern zunächst die Situation analysieren und dann ihre eigene Rolle darin reflektieren. Dazu müssten sie ihre eigenen Emotionen, Gedanken, Reaktionen und Motivationen hinterfragen. Die Mutter sollte sich fragen, warum sie glaubt, ihren Sohn vor negativen Erfahrungen bewahren zu müssen und ob sie sich nicht zutraut, ihm stattdessen hindurch zu helfen.

Dabei hätte sie die Chance, zu entdecken, dass sie selbst mit ihren eigenen, negativen Erfahrungen sowie den daraus entstandenen Emotionen nicht umgehen konnte. Wie also sollte sie ihrem Sohn dabei helfen? So könnte sie auf die Spur ihres eigenen Musters kommen und in sich selbst den Archetypen des Helfers erkennen. Würde sie weiter über ihr Verhalten reflektieren, wäre ihr auch schnell klar, dass sie hauptsächlich dessen Schattenseiten integriert hat. Sie müsste dann im ersten Schritt diese Erkenntnis akzeptieren und den Helfer bewusst annehmen, statt diese Erkenntnis zu verdrängen. Indem sie sich mit dem Helfer auseinandersetzt und seine Lernaufgaben annimmt, werden auch seine Stärken für sie nutzbar, und auf diese Art hilft sie nicht nur ihrem Sohn, sondern auch sich selbst. Somit wäre es nicht mehr notwendig, dass ihr Sohn sich die negativen Energien des Rebellen zu eigen macht und sie selbst infolgedessen auf die negative

Herrscher-Energie zurückgreifen muss. Abschließend möchte ich dem Leser nun noch einige Fragen an die Hand geben, die zur Analyse einer Beziehung auf archetypische Formen geeignet sind:

- Ist die Beziehung im Gleichgewicht, wird von einer Person mehr gegeben oder mehr genommen? (Möglicher Hinweis auf Beteiligung des Helfers oder der Waisen)

- Welche Erwartungen stelle ich an den anderen, welche Erwartungen stellt der andere an mich? (Die Art der Erwartungen gibt Hinweise auf die archetypischen Energien)

- Existieren bestimmte, sich wiederholende Muster innerhalb der Beziehung? Wenn ja, welche Emotionen liegen diesen zugrunde? (In den emotionalen Mustern lassen sich Archetypen erkennen)

- Ist die Beziehung grundsätzlich harmonisch oder existieren viele Reibungspunkte? Bei welchen Themen existieren diese? (Hinweis auf archetypische Energien findet sich in den Reibungspunkten, kann aber auch in sehr starker Harmonie zu finden sein)

- Welche Schattenseiten habe ich/hat der andere? (Anhand des Schattens lassen sich negative Ausprägungen archetypischer Formen erkennen)

- Gibt es auffällige Dynamiken innerhalb der Beziehung, positiv oder negativ? (Zum Beispiel ein gegenseitiges sich Ausgleichen in den Fähigkeiten oder Bedürfnissen; auch darin finden sich Anhaltspunkte auf die Archetypen)

- Wie lässt sich das Grundthema der Beziehung beschreiben, also die zugrunde liegende Energie, auf der die Beziehung aufbaut? (Zum Beispiel Freiheit, Harmonie, Liebe, Verständnis oder Kampf, Unterdrückung, Ausnutzung; das Ergebnis lässt sich mit der Grundeinteilung der Archetypen in emotionale Themen vergleichen)

Die tiefe Weisheit – ein Leben im Einklang

Es ist vollbracht! Wir sind nun am Ende unserer Reise angelangt und manch einer mag sich vorerst etwas erschlagen fühlen von der Fülle an Information, die er in diesem Buch vorgefunden hat. Nehmen wir uns also etwas Zeit, diese erst einmal sacken zu lassen und zu reflektieren, bevor wir uns daran machen, das Gelernte in die Tat umzusetzen. Sicherlich könnte man noch mindestens ein weiteres Buch damit füllen, über die Archetypen zu schreiben, denn schließlich existieren nicht nur die zwölf im letzten Kapitel beschriebenen. So viele Archetypen wie möglich zu kennen und damit auch erkennen zu können, wäre mit Sicherheit eine gute Sache, doch sind es ebendiese zwölf, die uns am häufigsten begegnen. Die gesamte Thematik ist dermaßen komplex, dass es mir wichtig war, zumindest die wichtigsten Grundlagen so zu erarbeiten, dass jeder sie verstehen und verinnerlichen kann, sogar ein Laie ohne Vorkenntnisse. Deshalb habe ich darauf verzichtet, das Thema weiter auszubauen als notwendig. Wem es gelingt, das hier vermittelte Wissen in seinem Leben anzuwenden, der wird von ganz allein auf weitere archetypische Formen und Charaktere stoßen und diese deuten und verstehen lernen. Deshalb konzentrieren wir uns abschließend lieber noch einmal darauf, warum wir diese Reise überhaupt angetreten sind.

Die Archetypen sind im Grunde omnipräsent, sie begegnen uns überall – in den Jahreszeiten, die symbolisch auf unsere seelischen Entwicklungsphasen übertragbar sind, genauso wie im Prinzip der Polarität, welches sich durch die gesamte Existenz zieht. Jede mögliche Form von menschlicher Erfahrung prägte bestimmte Archetypen, die dann auch immer den Schlüssel zum bestmöglichen Umgang mit dieser Erfahrung in sich tragen. Allein diese Tatsachen in der Tiefe zu verstehen, verleiht uns eine gewisse Weisheit, denn dadurch sind wir jederzeit in der Lage, die Botschaften zu verstehen, die hinter Begegnungen oder Begebenheiten stecken. So können wir auch unsere Herausforderungen, unser Versagen, unser Leid und unseren Schmerz in etwas Positives verwandeln, denn durch das Verständnis der archetypischen Botschaft, die hinter diesen Erfahrungen liegt, können wir an allem wachsen, was uns im Leben begegnet.

Alles, was es benötigt, um seinen Lebensweg positiv und individuell erfolgreich zu gestalten, sind ein offener Geist sowie die Bereitschaft, hinzusehen, zu analysieren und zu reflektieren. Die Weisheit, die uns von den Archetypen geschenkt wird, ist die gesammelte Weisheit sämtlicher Generationen, die vor uns kamen. Sie sind das Geschenk unserer Ahnen und indem wir dieses Geschenk annehmen, ehren wir die Erfahrungen, die ihnen zuteilwurden. Wir ehren ihren Schmerz und Verlust sowie die Opfer, die sie bringen mussten, um im Leben zu bestehen, genauso wie ihre Freude und ihr Glück. So erhalten wir die Chance, zur besten Version unseres Selbst zu werden und Fehler der Vergangenheit nicht mehr zu wiederholen. An dieser Stelle möchte ich nun den Leser seinen eigenen Reflexionen sowie der Suche nach archetypischen Mustern im eigenen Leben überlassen und mich mit dem folgenden Zitat verabschieden:

Die gefühlsmäßige Verbindung zur archetypischen Grundlage des Lebens erschafft eine neue, lebensfähigere Kultur. Es gibt keine Alternative, denn Evolution bedeutet, sich der Realität so anzupassen, wie sie ist, um sie in das zu verwandeln, zu dem sie werden kann.

~Strephon K. Williams, Durch Traumarbeit zum eigenen Selbst